ORIGINE DE L'AME

PRÉEXISTENCE

Par Clément GILLY

NIMES

IMPRIMERIE ROGER ET LAPORTE
Place Saint-Paul, 5.

1877

ORIGINE DE L'AME

PRÉEXISTENCE

THÈSE

publiquement soutenue

A LA FACULTÉ DE THÉOLOGIE DE MONTAUBAN

En Novembre 1877

Par Clément GILLY

BACHELIER ÈS-LETTRES

Aspirant au grade de Bachelier en Théologie

NIMES

IMPRIMERIE ROGER ET LAPORTE

Place Saint-Paul, 5.

1877

RÉPUBLIQUE FRANÇAISE

UNIVERSITÉ DE FRANCE

Académie de Toulouse

FACULTÉ DE THÉOLOGIE PROTESTANTE DE MONTAUBAN

PROFESSEURS :

MM.

Bois, Doyen,	*Morale et éloquence sacrée.*
Nicolas ✻,	*Philosophie.*
Pédézert ✻,	*Littérature grecque et latine.*
Monod,	*Dogmatique*
Bonifas,	*Histoire ecclésiastique.*
Bruston,	*Hébreu et critique de l'A.-.T.*
Wabnitz, chargé de cours,	*Exégèse et critique du N.-T.*
Léenhardt, chargé d'un cours de *Sciences naturelles.*	

EXAMINATEURS :

MM. BRUSTON, *Président de la soutenance.*
  MONOD.
  PÉDÉZERT ✻.
  NICOLAS ✻.

La Faculté ne prétend ni approuver ni désapprouver les opinions particulières du Candidat.

ORIGINE DE L'AME

PRÉEXISTENCE

> Le désir que nous avons du bonheur
> prouve que nous l'avons déjà connu.
> PASCAL.

INTRODUCTION

La nature, l'origine, la destinée de l'âme humaine,
voilà des problèmes de la plus haute importance qui se
sont imposés de tous les temps à tout esprit sérieux. Aussi
les solutions n'ont-elles pas manqué : chaque siècle,
chaque secte philosophique, chaque fraction de l'Eglise
chrétienne, parfois chaque docteur a proposé la sienne,
et ce serait déjà une rude tâche que d'en dresser l'inven-
taire.

Aussi dans ce travail, nous occuperons-nous seulement
de l'origine de l'âme et encore considérerons-nous sa

spiritualité comme un fait acquis. Nous n'essaierons ni d'exposer, ni de réfuter les diverses hypothèses des matérialistes anciens ou modernes. Dès le début nous nous plaçons sur le terrain de la spiritualité de l'âme, seule base de la vraie philosophie et de toute religion.

L'origine de l'âme spirituelle, tel est simplement le sujet que nous nous proposons de traiter. Ce champ est encore si vaste que nous avons été obligé de nous imposer des limites plus étroites : heureux si nos forces ne trahissent pas notre volonté ! Car cette question a été si vivement agitée par les philosophes et les théologiens qu'on aurait quelque peine à se reconnaître dans ce fouillis de systèmes les plus opposés ou de nuances les plus rapprochées. Nous nous arrêterons seulement aux hypothèses imposantes par l'autorité des illustres docteurs qui les ont propagées et par l'influence qu'elles ont exercée au sein de l'Eglise chrétienne. Saint-Jérôme nous en donne le résumé dans le tableau qu'il trace des opinions de son temps sur cette grave question : il sera notre guide dans ce modeste travail.

« Il s'agit de savoir, dit-il, si les âmes sont une portion de la propre substance de Dieu, comme le pensent les Stoïciens, Manès et les Priscillianistes; — si, selon le sentiment de Tertullien, d'Apollinaire et de la plus grande partie des Orientaux, elles passent des pères dans les enfants, de sorte que l'âme est engendrée par une autre âme, comme le corps l'est par un corps; — si Dieu en crée chaque jour pour les mettre dans les corps au moment où ils sont formés, — ou enfin si elles descendent du ciel dans le corps, selon l'opinion de Pythagore, de Platon ou d'Origène. (1). »

(1) Opera Jer. *Ep. ad Marcelum et ad Anopsychia.*

I

1° Les Stoïciens firent de l'âme une particule de la substance divine. C'est de toutes les solutions la moins admissible, car si notre propre substance est identique à celle de Dieu, nous avons été engendrés et non créés; or la Parole affirme que « Dieu a créé nos âmes. » Esaïe LVII, 16. — Ensuite cette hypothèse nous place en face d'un dilemme sans issue : Ou bien les hommes sont tous impeccables comme Dieu, ou bien si nous avons pu déchoir de notre pureté primitive, Dieu serait aussi lui-même susceptible de souillure.

Cette hypothèse écartée, il nous reste à choisir entre le *génératianisme* ou *traducianisme* de Tertullien, le *créatianisme* de Léon le Grand et la *préexistence* d'Origène.

2° D'après Tertullien, l'âme insufflée par Dieu en Adam, est la mère ou la matrice de toutes les âmes humaines. Comme tous les corps étaient en germe dans celui d'Adam, toutes les âmes se trouvaient implicitement comprises dans celle du premier homme et ont péché avec lui. Cette opinion, quoique dangereuse pour l'immatérialité et l'immortalité de l'âme, fut acceptée avec enthousiasme dès son apparition par la plupart des Eglises d'Occident, surtout depuis la controverse entre Pélage et saint Augustin, parce qu'elle servait à expliquer la transmission du péché originel. Toutefois elle fut combattue vivement par Lactance, saint Jérôme et plus tard par les Scolastiques. Anselme et saint Thomas d'Aquin firent prévaloir leur système plus conforme à la vraie nature de l'âme.

Il n'est certes pas étonnant que Tertullien, rhéteur véhément plutôt que profond théologien, ait imaginé cette théorie. Pour lui, l'âme tenait le milieu entre la chair et l'esprit. Il lui donnait la forme et la propriété du corps, prétextant que si elle n'était pas corporelle, elle ne serait capable ni de châtiment, ni de récompense, comme si la matière seule avait le privilège de la joie ou de la douleur! Telle était, d'ailleurs, l'opinion des Pères de l'école d'Alexandrie: ils tenaient l'âme pour une substance d'une extrême ténuité, mais lui refusaient l'immatérialité. Toutefois, ce qui surprend, c'est qu'au XVIᵉ siècle, bien longtemps après que le traducianisme n'était plus qu'un souvenir, Luther l'ait tout à coup remis en honneur : c'était, sans doute, pour creuser un abîme plus profond entre lui et l'Eglise romaine, qui professait alors le créatianisme. Calvin fut plus logique : il adopta la doctrine de saint Thomas d'Aquin ; ses disciples suivirent son exemple, et l'Eglise luthérienne elle-même ne tarda pas à se ranger à cette opinion.

On s'étonne que le traducianisme, malgré l'autorité de Tertullien, ait régné si longtemps dans l'Eglise. Il semble qu'une heure d'examen eût dû suffire pour en faire évanouir tout le prestige. En effet, si le sang peut produire l'âme, celle-ci ne peut qu'être matérielle: comment la matière pourrait-elle procréer l'esprit ? Si l'on préfère attribuer la génération de l'âme à une semence incorporelle, qui se détacherait invisiblement de l'âme du père, alors l'âme serait divisible, et cesserait, par conséquent, d'être simple et immortelle.

3° La croyance la plus répandue de nos jours, au sein

de l'Eglise chrétienne, sur l'origine de l'âme, est le *créa-tianisme*, — doctrine qui enseigne que Dieu crée les âmes quotidiennement et les infuse dans les corps, au sein des mères, à une époque plus ou moins rapprochée de la conception ou de la naissance. Elle fut d'abord enseignée par Léon le Grand comme une doctrine fondamentale du christianisme. Dès lors, elle conquit un nombre toujours croissant de partisans, et fut sanctionnée définitivement par le concile de Constantinople, le cinquième concile œcuménique, où fut anathématisée la doctrine d'Origène. Aujourd'hui, elle règne presque sans rivale, non-seulement dans l'Eglise romaine, mais encore dans toutes les Eglises chrétiennes. Les scolastiques avaient même tenté de déterminer le moment précis où l'âme se joint au corps, et avaient engagé, sur ce point, des discussions puériles.

Toutefois, nous avons de la peine à comprendre que cette doctrine, d'une paternité aussi suspecte, ait survécu à une foule d'erreurs, issues de la même source, et qu'elle soit demeurée debout au milieu des ruines dont le souffle de la Réforme a jonché le sol de l'Eglise. Tous les fronts s'inclinent devant elle sans lui demander seulement ses lettres de créance.

Nous savons que ce n'est pas sans danger qu'on heurte de front les idées généralement es, et le nombre est grand de ceux qui acceptent une foi toute élaborée, des croyances toutes faites. Cet héritage leur est tellement sacré qu'ils n'oseraient y toucher ; le libre examen même leur est suspect s'il n'aboutit à les confirmer dans leurs propres convictions. Cependant nul ne peut nous blâmer si, après avoir lu la Bible, sans opinion préconçue, nous avons été conduits à abandonner les routes frayées.

La Parole de Dieu est loin d'être explicite sur le point

en litige. Elle nous révèle clairement ces vérités fondamentales, généralement admises, sur l'origine des âmes, savoir :

Dieu a créé les âmes. Esaïe, LVII, 16.

Il les a créées toutes pures. Ecclés. VII, 29.

Leur chute a été universelle. Rom., III, 22.

Mais, si nous désirons des lumières plus complètes, il faut la sonder avec humilité et prière.

Comparons maintenant le créatianisme avec la Bible : « balance » à laquelle doivent être pesées toutes les opinions des hommes.

II

Dieu crée les âmes quotidiennement ! — D'abord, il est écrit que Dieu, loin de prolonger indéfiniment l'œuvre de la création et de tirer du néant à chaque seconde une âme nouvelle, « se reposa le septième jour et le sanctifia après avoir achevé *toute* son œuvre. » (Gen. II. 2-3). Et ailleurs : « Celui qui est entré dans son repos, se repose après ses œuvres, comme Dieu *se reposa* après *les siennes.* » (Hébr. IV, 10).

La création est donc terminée, non que la puissance divine soit limitée ou épuisée, mais parce que Dieu a « achevé son œuvre. » Il se borne désormais à soutenir, conserver, diriger tout ce qu'il a tiré du néant. C'est à cette œuvre incessante que fait allusion le Seigneur, quand il dit : « Mon père agit jusqu'à maintenant. » (Jean V, 17).

D'ailleurs, tout acte de la puissance divine émane d'une volonté libre et souveraine : « Notre Dieu est dans les cieux, et il fait tout ce qu'il lui plaît. » (Ps. cxxxv, 6) Comment admettre que, lorsqu'il s'agit de la plus noble création, celle d'une âme, Dieu attende, en quelque sorte, pour créer, que l'homme lui donne le signal. Il y a plus encore : c'est souvent la passion la plus honteuse qui trouve en Dieu, « dès qu'elle le veut un coopérateur fidèle qui se hâte de venir couronner, par un complément infini, ce qu'elle lui a si misérablement préparé (1). » Cette objection est assurément d'un grand poids, et il nous en coûterait moins de croire que l'âme est le produit d'une vertu secrète du sang que d'admettre une création divine dans de semblables circonstances. L'absurde nous répugne beaucoup moins que l'impiété.

Mais voici qui est plus grave encore : la théorie de Tertullien, si inadmissible qu'elle soit, avait au moins l'avantage incontestable de concorder parfaitement avec le dogme du péché originel. L'homme, procréant son semblable, corps et âme, lui transmettait à la fois les maladies corporelles et la souillure spirituelle. C'était logique, tandis qu'avec le créatianisme, ce dogme rencontre des difficultés inextricables.

Dieu crée *pure* l'âme de l'enfant dans le sein de sa mère : rien d'impur ne peut sortir des mains de Dieu. Et cependant, non-seulement l'enfant vient au monde souillé, mais il est souillé même avant sa naissance. « J'ai été formé dans l'iniquité, et ma mère *m'a conçu* dans le péché. » (Ps. li, 7.) Et ce n'est pas ici un fait accidentel, isolé, mais la loi la plus générale, la plus absolue qu'il y ait jamais eu. Comment et à quelle heure cette âme perd-elle son innocence ? Le mal lui a-t-il été

_____

(1) Jean Reynaud, *Terre et Ciel.*

imposé comme une nécessité ? Il faut bien le croire, puisque à cet âge un enfant est incapable de tout acte de volonté, de réflexion. — D'où vient donc cette dépravation? Est-ce le contact de l'âme pure avec le corps d'une créature pécheresse qui la souillerait ainsi ? Mais comment comprendre que la chair, substance matérielle, puisse imprimer la moindre tache à l'âme, spirituelle de sa nature? Autant vaudrait dire qu'un rayon de soleil peut ternir son éclat immaculé en glissant sur la boue. D'ailleurs, il faudrait admettre encore, par analogie, que Jésus a perdu sa sainteté parfaite en séjournant dans le sein de Marie, à moins de souscrire au dogme moderne de l'immaculée conception.

Enfin, si « le péché est une transgression de la loi, » si « le péché n'est point imputé là où il n'y a point de loi,» (Rom. v. 13), comment un jeune enfant, dans de semblables conditions, pourrait-il manifester sa résistance à la loi divine ? Quelle loi lui a-t-il été imposé dès la conception? Etcomment concevoir que les phénomènes psychologiques qui, d'ordinaire, précèdent, accompagnent et suivent le péché : tels que la tentation, le combat, la victoire ou la défaite, la repentance, etc., se produisent dans ce jeune enfant, qui n'a pas même conscience de son existence?

L'on a cru échapper à toutes ces difficultés par la doctrine de l'*imputation*. Voyons jusqu'à quel point cette espérance est fondée.

III

Nous sommes pécheurs par la seule raison qu'Adam a péché. Dieu l'a ainsi voulu, dit-on, c'est un mystère devant lequel il faut s'incliner. Tout le mal physique et moral qui désole l'humanité depuis les premiers jours du monde est un héritage de notre premier père, héritage qu'il ne nous est pas permis de répudier. Cette transgression nous a rendus non-seulement coupables, mais corrompus. Elle nous a ravi à jamais toute puissance de faire aucun bien ; la vie divine est éteinte, ce miroir qui réflétait dans notre âme l'image de Dieu, a été fatalement brisé. Le mal en nous n'est pas proprement notre ouvrage, il nous a été inoculé avec la vie ; nous avons dû le subir comme un vice de conformation, et depuis cette chute fatale, toute âme que Dieu tire du néant est soumise à cette double loi : imputation de la faute d'Adam et puissance virtuelle du péché ; maladies, souffrances et mort corporelle.

Quant aux diverses maladies, ce triste apanage du genre humain, elles nous viennent de nos premiers parents ; rien de plus facile à comprendre. La matière procréant la matière peut lui transmettre les qualités ou les défauts qui la caractérisent. C'est une loi immuable de la nature que l'expérience confirme chaque jour. Et ici rien de choquant ; nous savons que Dieu sait tirer bien souvent de ce mal inévitable, un grand bien pour ses créatures. Les maladies héréditaires, les maladies fortuites sont plus d'une fois, comme la pauvreté ou une épreuve quelconque, un moyen pour conduire les âmes au Seigneur. Le chrétien a appris le sens de cette énigme de la vie ; il bénit la main qui le frappe et loin de murmurer, il discerne l'amour de son Père de quelque voile qu'il s'enveloppe. Que d'âmes dont la légèreté et l'indifférence ont rendu nécessaires ces moyens extrêmes pour les amener au pied de la croix ! Que de chrétiens s'écrient avec le Psalmiste : « Il m'a été bon d'avoir été éprouvé ; car avant d'avoir été affligé j'étais errant, mais

maintenant j'observe ta parole. » (Ps. 119, 67.) Nous ne
voulons pas dire que la douleur ait une vertu sanctifiante,
mais ce qui est incontestable, c'est que ces grandes
épreuves sont le plus souvent un moyen de briser notre
cœur, de nous réveiller devant nos péchés et de nous
faire rechercher en Dieu la paix véritable. Ainsi comprise, la souffrance n'a rien qui nous révolte, elle devient une correction paternelle qui nous révèle une autre
face de l'amour de Dieu, et nous ne nous plaignons plus
de cet héritage de deuil et de larmes puisque nous avons
expérimenté que Dieu peut transformer nos souffrances
en transports de joie, nos larmes en chants de triomphe,
notre mort même en vie éternelle.

Il n'en est pas de même du péché ; c'est une lèpre mo-
rale qui nous rend odieux à « Celui qui a les yeux trop
purs pour voir le mal » (Hab. i, 13.) qui brise toute communion avec le ciel et nous ferme le chemin du vrai bonheur. A quelque point de vue qu'on l'envisage, il ne produit que désordre pour le temps et pour l'éternité. Nous
ne sommes pas de ceux qui, pour se consoler de ce
malheur épouvantable, lui ont reconnu une utilité, celle
de nous humilier. Il nous a toujours été impossible de
comprendre que le péché, dont l'essence est l'orgueil,
puisse produire le moindre sentiment d'humilité. La
conviction de péché étant inséparable de la repentance,
on serait bien tenté d'attribuer, en effet, cette grâce au
péché lui-même ; mais un moment de réflexion suffit
pour nous montrer que cette heureuse disposition est
l'œuvre du Saint-Esprit et que le péché n'en est que l'occasion. « Une source amère ne peut jamais produire de
l'eau douce. » (Jacq. iii, 11). Et pourrait-on supposer
que le péché nous soit fatalement imposé par le Dieu
d'amour et de sainteté, par Celui dont « la volonté est
notre sanctification ? » (Thes. iv, 3). Celui qui nous a

enseigné à l'appeler « notre Père, » tirerait-il chaque jour du néant des milliers d'âmes immortelles pour les plonger dans cette souillure ? Et surtout comment s'imaginer que ce Dieu les condamnât impitoyablement aux peines éternelles pour ne s'être pas purifiées de cette corruption au sein de laquelle il les a plongées lui-même dès avant leur naissance ?

Adam fut créé en Eden, innocent et libre; il a fait un mauvais usage de sa liberté; une condamnation a été prononcée contre lui, rien de plus juste : il porte la peine de son iniquité. « Pourquoi l'homme vivant murmurerait-il, l'homme qui souffre pour ses péchés ? » (Lam. iii, 39). La justice a des droits absolus. Mais pour le reste de l'humanité, la condition est bien différente. Nous sommes constitués coupables dès notre conception; le péché, avec ses épouvantables conséquences, pèse sur nous avant que nous ayons fait ni bien ni mal. C'est parce qu'Adam a péché, il y a six mille ans, que l'enfant qui naîtra demain, — cette frêle créature que nous aimons avec tant d'affection avant de la connaître, dont nous saluons l'entrée dans la vie avec tant de bonheur, — cet enfant est déjà souillé, ennemi de Dieu, placé sous la colère divine. N'est-ce pas là un fait qui révolte ce sentiment de justice que le Créateur a déposé dans toute conscience humaine?

Et que de pensées nous assiègent quand nous méditons sur cette grave question : nous ne voulons que les indiquer ici. Après la chute d'Adam, Dieu était bien libre de ne plus créer des âmes humaines; aucune nécessité ne l'y contraignait. Son amour et sa sainteté lui imposaient, au contraire, l'obligation de ne plus appeler à l'existence des âmes immortelles pour les placer dans une condition si déplorable. Après la désobéissance de nos premiers parents, l'humanité pouvait être greffée sur une tige nouvelle, et le mal eût été ainsi tari dans sa source.

Dieu nous a créés pour nous rendre heureux, et le bonheur réside dans la sainteté. Ce serait outrager sa sagesse et son amour que de supposer que nous n'avons pas été placés dans la position la plus favorable à notre développement spirituel. Et cependant si, dès notre création, il nous a plongés dans un milieu où nous ne pouvons échapper au péché; s'il nous impute gratuitement la faute commise par le premier homme, comment concilier ce fait avec ses attributs divins?

Poursuivons: l'homme vient au monde pécheur et enclin au mal. Sa vie, souvent « réduite à la mesure de quatre doigts, » (Ps. xxxix, 6), est rassasiée d'agitations; l'épreuve s'attache à lui, la douleur l'accompagne, les pièges l'enveloppent, les séductions de toute nature l'assaillent. Et s'il meurt sans avoir fait la paix avec son Dieu, il sort de cette vie, où il a végété quelques jours, pour être condamné à des tourments éternels. Cette punition épouvantable est-elle proportionnée au délit? Est-elle surtout compatible avec la justice et la miséricorde du Dieu de Golgotha et du Dieu de l'Evangile?

Et les souffrances des petits enfants, comment les expliquer raisonnablement? Ces âmes que Dieu vient de créer n'ont pas encore donné signe de vie, qu'elles sont unies à des corps où le plus souvent elles ne trouvent que douleurs. Quand les hommes souffrent, c'est une conséquence de leurs péchés ; Job fut éprouvé à cause de son orgueil, David à cause de son double forfait, Hérode à cause de ses crimes, et, par un petit nombre d'exemples que Dieu a placés sous nos yeux, nous pouvons conclure que la douleur est en corrélation avec le péché. Mais quant aux jeunes enfants, nous ne comprenons plus comment ils ont pu s'attirer de semblables épreuves. Le cœur vient ici en aide à la raison, et tous les arguments n'ont aucune valeur devant les cris déchirants de ces frêles créatures.

La mort de ces petits êtres est encore plus incompréhensible que leurs souffrances: elle paraît accuser la sagesse de Dieu. Qu'éprouverions-nous, si nous voyions le Seigneur créer chaque matin d'innombrables soleils pour les éteindre aussitôt, avant d'avoir été du moindre usage ? Or, l'âme de l'enfant est bien plus précieuse que tous les soleils qui scintillent au firmament, puisqu'elle est le germe d'un être infini; pourquoi donc apparaît-elle sur la terre pendant quelques jours, quelques heures seulement? Pourquoi quitte-t-elle le monde avant même d'y être e   Sa présence ici-bas n'ayant aucun but apparent, n'   elle pas une injure à la sagesse du souverain Créateur ?

IV

Mais que sert d'entasser raisonnements sur raisonnements pour établir que l'imputation du péché d'Adam est en opposition formelle avec la notion que nous ayons de Dieu: « A la loi et au témoignage. » Cette doctrine est renversée par une foule de textes positifs; nous nous bornerons aux plus catégoriques.

« On ne dira plus: les pères ont mangé des raisins verts et les dents des enfants en sont agacées, mais *chacun mourra pour son iniquité* (Jérémie XXXI. 29-30) On ne fera point mourir les pères pour les enfants, *on ne fera pas non plus mourir les enfants pour les pères*, mais on

fera mourir chacun pour son péché. (Deut. xxiv. 16)
Voici toutes les âmes sont à moi, l'âme de l'enfant comme
celle du père : *l'âme qui pèchera sera celle qui mourra.*
L'homme juste qui fera ce qui est juste et droit vivra certainement, a dit l'Eternel, mais s'il engendre un fils qui
commette l'iniquité, cet enfant ne vivra pas. Et si cet
enfant engendre un fils qui marche dans mes statuts, *il
ne mourra point pour l'iniquité de son père,* mais certainement il vivra. Chacun portera son propre fardeau. *Le fils
ne portera point l'iniquité du père* et le père ne portera
point l'iniquité du fils » (Ezéch. xxi. 4-21.) Peut-on lire
rien de plus décisif contre la théorie de l'imputation ?
De telles déclarations se passent de commentaires.

Cependant il est quelques passages qui paraissent favoriser le dogme que nous combattons. Examinons-les
attentivement et nous verrons s'évanouir cette contradic-
tion apparente, changer même en preuves directes ce
qui semblait une objection.

« Je suis l'Eternel ton Dieu, le Dieu fort et jaloux qui
punis l'iniquité des pères sur les enfants, jusqu'à la troi-
sième et quatrième génération de ceux qui me haïssent
(Exode xx. 5). La lèpre de Naaman s'attachera à toi *et à ta
postérité* pour jamais » (1 Rois v. 7). Et une foule d'autres
textes parallèles.

D'après ce que nous avons déjà dit, on peut pressentir
notre réponse. Il est, en effet, certaines iniquités des
pères qui pèsent réellement sur leurs enfants et compro-
mettent leur position sociale, leur réputation ou leur
santé. Mais, ce sont toujours des conséquences tempo-
relles qui n'affectent que le corps ou notre gloire humaine et, loin d'entraîner fatalement la perte de l'âme,
elles deviennent, au contraire, quelquefois des moyens
de bénédiction et de salut. Et certes à ce point de vue,
les conséquences du péché d'Adam ont été immenses.

Après la chute en Eden, tout a subi dans la nature une déplorable transformation. La terre naturellement féconde est devenue stérile; l'homme a perdu son empire sur les autres créatures qui lui étaient soumises : ce n'est plus qu'un roi détrôné. Par ce péché, la mort *corporelle* est entrée dans le monde, et avec elle ce lamentable cortège de maladies, de souffrances, d'infirmités, d'épreuves de toute nature qui ont fait de la terre, naguère un Eden, une « vallée de larmes et de misère. » Quant aux conséquences spirituelles, pas la moindre allusion dans ces passages. D'ailleurs l'expérience mettrait souvent en défaut une telle interprétation, car il n'est pas rare de voir un père impie avoir un fils pieux : la Bible elle-même nous en fournit plus d'un exemple. Achaz, roi impie, eut pour fils le sage Ezéchias (2 Ch. xxviii-xxix); l'idolâtre Amon fut le père du jeune Josias, le restaurateur du culte du vrai Dieu, dont la mémoire fut bénie en Israël (2 Ch. xxxiii-xxxiv). Les exemples du contraire sont fréquents : Adam eut pour fils le fratricide Caïn; Abraham, l'orgueilleux Ismaël; Isaac, le profane Esaü; Josaphat « qui fit ce qui est droit devant l'Eternel » eut pour successeur Joram, son fils, qui « abandonna le Dieu de ses pères. » (2 Chr. xx, 32 — xxi. 6).

Toutefois, au point de vue spirituel, la déclaration de Moïse se réalise dans toute sa plénitude. Les méchants ont une postérité maudite, comme les justes ont une postérité bénie. Dans la Bible, le mot *postérité* ne s'applique pas exclusivement aux descendants d'une même famille, mais il a surtout un sens spirituel et s'applique à ceux qui conservent les mêmes principes, la même piété que leurs ancêtres dans la foi. « Ceux qui ont la foi sont les enfants d'Abraham » (Gal. iii. 7 : Rom. iii, 6-8). C'est dans ce sens qu'il faut interpréter ce mot, si l'on veut comprendre les promesses faites aux justes : « Toute la postérité d'Israël sera justifiée (1). » Ainsi que les menaces faites aux méchants : « La postérité des méchants sera retranchée (2). » Car ces passages ne se sont jamais accomplis à la lettre.

On trouve dans Romains v, quelques passages qui paraissent décisifs en faveur de l'imputation ; aussi les partisans de ce dogme s'y retranchent-ils comme dans une forteresse inexpugnable :

« Par un *seul* homme le péché est entré dans le monde — par le péché d'un *seul*, tous sont morts — par un seul péché la condamnation est venue sur tous les hommes — par la désobéissance d'un *seul* plusieurs ont été rendus pécheurs. » (V. 12, 15, 18, 19.)

La condamnation, qui « est venue sur tous les hommes » par suite du péché d'Adam, c'est la mort du corps, que cette chute a attirée sur l'humanité, ainsi que l'exprime clairement ce texte parallèle du même apôtre (1 Cor. xv, 21-22) : « Puisque *la mort* est venue par un seul homme, la résurrection *des morts* est aussi venue par un seul homme, car comme *tous meurent* par Adam, de même *tous revivront* par Christ. » En effet, Adam a été le premier pécheur sur la terre, il a introduit le péché ici-bas. Et ce péché a eu pour conséquence immédiate de le soumettre lui et sa postérité à la terrible loi de la mort. Car Dieu lui avait dit : « Au jour où tu mangeras du fruit défendu, tu mourras de mort. » Après sa désobéissance, il n'a pu transmettre à ses descendants qu'un corps périssable. Aussi depuis la chute, « il est ordonné à tous les hommes de mourir une fois, » et Jésus lui-même (Héb. ix, 27), ayant revêtu un corps semblable au nôtre, a dû se soumettre à cette loi fatale.

(1) Esaïe xlv, 25 ; Nomb. xxiv, 7 ; Ps. xxv, 13, cxii, 2 ; Esaïe lxv, 23 ; Prov. xi, 21.
(2) Ps. xxxvii, 28 ; Job. xvii, 5-19. Es. xiv-21.

Si nous étudions un instant le contexte, la fidélité de notre exégèse paraîtra encore plus saisissante. Paul voulant montrer combien sont immenses et surtout universels les bienfaits qui découlent pour nous du sacrifice de Jésus-Christ, choisit pour termes de comparaison les funestes conséquences du péché d'Adam pour l'humanité toute entière. Ce parallèle est bien propre, en effet, à élucider la pensée de l'auteur inspiré. Adam engendra la mort corporelle, comme Jésus procrée la vie spirituelle, et l'une et l'autre sont étendues à tous les hommes, sans aucune coopération de leur part : « Comme *tous* meurent par ou en Adam — de même tous revivront par Christ. Le Sauveur est venu en effet détruire les terribles effets du péché d'Adam; notre corps est condamné à mourir, mais Jésus lui rendra la vie et cette résurrection est indistinctement pour les justes comme pour les injustes.

Il est aussi *une vie* que Dieu a accordé *gratuitement* à tous les hommes sans exception, c'est cette grâce prévenante qui nous rend capables d'écouter la voix de Dieu et de répondre à ses appels. Lazare n'aurait pu entendre l'appel du Maître si la vie ne lui avait été préalablement rendue : type admirable de ce que Dieu a fait à l'égard de l'humanité « *morte* » dans sa rébellion. Remarquons le parallélisme de ces phrases où se trahit l'intention de l'apôtre : « Comme c'est par *un seul* péché que la condamnation est venue sur *tous* les hommes — de même c'est par *une seule* justice que *tous* les hommes recevront la justification qui donne la vie. » C'est-à-dire, par Adam la mort est devenue le patrimoine de tous — par Christ la vie est devenue le partage de tous. Il s'agit ici de la grâce prévenante répandue gratuitement sur tous les hommes sans leur participation, car si l'on voulait appliquer ces paroles au salut, Paul enseignerait ici clairement *l'universalisme*. Dans ce sens *tous* les hommes seraient infailliblement sauvés, comme ils sont fatalement soumis à la mort corporelle.

Ainsi la doctrine de l'imputation ne peut nullement s'autoriser de la Bible. Mais la preuve la plus décisive qu'elle est une erreur, c'est que loin de résoudre toutes les difficultés, il en est, au contraire, qu'elle rend tout-à-fait insolubles.

V

En effet, plaçons-nous au point de vue de l'imputation. Les enfants sont souillés dès avant leur naissance. Mais à mesure que leurs facultés se développent, ils apprennent à discerner entre le bien et le mal. Dieu leur a préparé les moyens de remonter le torrent, de résister à l'ennemi, de devenir « maîtres de leur cœur » (Prov. xvi, 32), ce qui est la plus haute manifestation de l'œuvre de Dieu en nous. L'homme, au sein même de ses ténèbres, sait qu'il pourrait s'humilier et rechercher auprès de Dieu le pardon de ses péchés et la guérison de toutes ses infirmités; aussi sent-il peser sur lui une responsabilité proportionnée à la grandeur de ses privilèges. S'il choisit la voie de la résistance, il sait qu'il pourrait s'incliner et se consacrer à Dieu. Malgré les illusions de son cœur et les sophismes par lesquels il cherche à endormir sa conscience, il ne peut goûter aucune sécurité parfaite. Il est vrai que le Seigneur met tout en œuvre pour produire en lui la repentance et la foi, il déroule devant ses yeux le livre sublime de la création où le plus ignorant peut épeler la puissance et la bonté divines ; le livre de la conscience où nous trouvons gravée, en caractères indélébiles, la sainteté du Législateur, et la Révélation écrite où il se manifeste comme le Sauveur. Si l'homme demeure ingrat, rebelle, s'il foule à ses pieds tout l'amour qui lui est témoigné, s'il résiste à la main qui l'attire, à la voix qui l'appelle, alors il mérite la condamnation éternelle, non plus seulement à cause du péché d'Adam, mais par suite de sa propre rebellion et on peut, à la rigueur, supposer qu'au dernier jour il ait « la bouche fermée », quoiqu'on doive encore faire de grandes réserves à ce sujet.

Mais les enfants qui meurent en bas âge — et s'il faut en croire la statistique, cette catégorie embrasse plus de la moitié du genre humain — ceux qui meurent avant leur naissance, sont à jamais privés de semblables priviléges, et alors quelle sera leur destinée? Question sérieuse, dont la réponse est bien difficile avec le dogme de l'imputation ; question impossible à éluder, car il est des circonstances douloureuses dans la vie où elle se dresse devant nous avec puissance! Nous savons que d'ordinaire le cœur naturel — et surtout le cœur d'un père et d'une mère — trouve une grande douceur à croire au salut de ces chères créatures et ne se montre pas difficile en fait de preuves. Jésus n'a-t-il pas dit : « Laissez venir à moi les petits enfants et ne les empêchez point, car le royaume des cieux est pour ceux qui leur ressemblent » (Marc. x, 14). Cette parole me suffit, dira une mère dont le cœur est déchiré par la mort prématurée d'un jeune enfant. Certes nous ne trouvons pas un amer plaisir à détruire une aussi douce espérance, mais assurément on sera bien forcé de convenir qu'un texte semblable est un appui bien fragile. Jésus n'a nullement la pensée de

trancher ici la question relative au salut des petits
enfants; il veut simplement montrer à la foule que, par
l'Esprit, nous devons être animés envers Dieu, des mêmes
dispositions d'un jeune enfant à l'égard de ses parents:
simplicité, soumission, confiance, amour. Quand il dit
ailleurs: « Si quelqu'un ne reçoit pas le royaume de
Dieu comme un enfant, il n'y entrera point, » Jésus ne
veut pas nous enseigner qu'il faut recevoir le royaume
comme *un enfant le reçoit*, car cette parole n'aurait aucun
sens. Pour la plupart, nous n'acquérons droit de bourgeoisie, dans le royaume des cieux, qu'au prix des plus
grands combats, tandis qu'un enfant ne peut éprouver
rien de semblable. Ici le mot *comme* indique une similitude entre deux idées différentes; c'est une comparaison
et non une identité. Il en est de la comparaison comme
de la parabole, qui n'est après tout qu'une comparaison
développée : on s'exposerait à de graves méprises, si l'on
voulait calquer le fait ou les idées sur l'image dont on
se sert pour les rendre plus sensibles. « Soyez parfaits
comme votre Père céleste est parfait, » n'a jamais signi-
fié: Recherchez la perfection absolue de Dieu. On ne
peut donc s'appuyer avec raison sur les textes que nous
venons de rappeler pour établir le salut des petits
enfants.

D'ailleurs à quelles conditions le salut leur serait-il
accordé? Leur est-il gratuitement imputé comme le péché
d'Adam, de sorte qu'ils soient à la fois perdus et sauvés
sans en avoir la moindre conscience? Il faudrait au moins
appuyer une théorie aussi étrange de quelque déclaration scripturaire, mais sauf le passage déjà cité, tout le
monde convient que la Bible garde le plus complet
silence à cet égard. Il serait plus sage d'imiter cette
réserve, d'autant plus que le salut nous est toujours
présenté comme le fruit d'une foi personnelle : nul ne

peut être sauvé par procuration. Il s'agit d'un contrat synallagmatique entre nous et Dieu ; il faut que l'homme souscrive aux conditions de paix, et cela ne peut s'accomplir sans sa participation.

Ensuite si tous les enfants sont nécessairement sauvés — et il nous serait bien doux de pouvoir le croire — si le salut est un apanage accordé à ces jeunes créatures on aurait bien quelque raison de se demander pourquoi Dieu qui aime tous les hommes, qui ne veut « la mort d'aucun pécheur, » ne recueille pas dans son ciel, alors qu'ils sont en état de grâce, tous ces chers enfants qu'il voit dans sa prescience, devoir abandonner ces précieuses dispositions, en franchissant les limites de l'enfance, pour se replacer sous la terrible condamnation dont ils avaient été déjà délivrés par grâce. Un nombre infini d'âmes seraient ainsi arrachées aux tourments qui les attendent et la gloire du Seigneur en recevrait un plus grand éclat.

Quant à ceux qui ne peuvent croire au salut des enfants, quant à ces ultra-calvinistes qui ont le courage d'écrire dans leur journal intime : « J'ai médité aujourd'hui avec délices sur l'amour que Dieu a manifesté en damnant tous les petits enfants (1), » nous leur demanderons : Comment ! voilà des milliers d'âmes que Dieu appelle chaque jour à l'existence, auxquelles il impute gratuitement une faute commise bien des siècles avant leur création ; puis il les retranche de la terre même avant d'avoir vécu une heure, de sorte qu'elles ne demeurent ici-bas que le temps strictement nécessaire pour être rendues responsables d'une faute qui leur est complètement étrangère et pour laquelle elles subiront une condamnation éternelle ; et de pareilles pensées ne soulèvent pas les sentiments

(1) Sermon de Spurgeon : *L'assurance du salut*, Préface.

les plus intimes de votre être ! On comprend qu'on puisse s'incliner devant des mystères; nous comprenons même qu'on puisse dire : *Credo quia absurdum.* L'esprit humain peut descendre jusques-là sans abdiquer complétement, mais attribuer à Dieu une telle cruauté, et pouvoir se délecter soi-même dans de telles pensées; non, ceux qui en sont arrivés à ce degré d'aberration n'ont jamais rien compris à ces transports de joie, que le père de l'enfant prodigue éprouvait à la vue de son fils repentant et humilié.

Et, pour mettre le comble à cette injustice, Dieu retire ces âmes du monde sans leur donner le temps de se repentir, de prier, de croire; sans leur faire annoncer son salut, sans leur avoir révélé son amour par la Parole et par son Esprit. « Dieu nous a tous renfermés dans la rébellion, » mais ce n'est pas pour faire miséricorde à tous. Et comment ces âmes auraient-elles la bouche fermée au dernier jour ? Elles protesteront contre l'odieuse violence dont elles ont été victimes; elles ont subi la souillure sans avoir pu rechercher la pureté! Que le Seigneur nous garde d'avoir de telles pensées dans nos cœurs !

VI

Complétons ce sujet par quelques remarques sur le *salut des païens.* La condition de ces peuples qui vivent et meurent en dehors de l'influence salutaire de l'Evangile, n'est pas sans rapport avec celle des jeunes enfants qui meurent avant l'âge de raison. Dans les deux cas , s'il y a égalité dans la chute avec le reste de l'humanité, il n'y a plus égalité dans les moyens de relèvement. Il faut avoir « connu la pensée de Christ » pour absoudre Dieu de toute injustice en présence de ce fait anormal. D'autant plus que la Bible, pour un lecteur superficiel, paraît se déclarer contre le salut de toute âme en dehors de la connaissance littérale de l'Evangile. « Il n'y a aucun autre nom sous le ciel qui ait été donné aux hommes pour être sauvés que celui de Jésus-Christ (Act. iv, 12). » Et, en parlant des païens, Paul s'exprime ainsi : « Comment invoqueront-ils celui auquel ils n'ont point cru ? Et comment croiront-ils en Celui dont ils n'ont point ouï parler? Et comment en entendront-ils parler si quelqu'un ne le leur prêche ? Comment le prêchera-t-on s'il n'y en a point qui soient envoyés ? » (Rom. x, 14-15). Aussi, n'est-il pas rare de voir des chrétiens souscrire facilement à cette rejection de la plus grande partie de l'humanité. Seulement, on pourrait leur demander pourquoi, au lieu de donner, pour l'évangélisation de ces peuples déshérités, une faible partie de leur superflu, ils ne s'imposent pas les plus grands sacrifices pour faire resplendir la lumière sur « ceux qui sont assis dans les ténèbres et dans la région de l'ombre de la mort » (Math. iv, 16). Ce serait là une œuvre éminemment chrétienne dont les fruits bénis seraient éternels.

Pour nous, nous croyons à la possibilité du salut des païens, parce que la Bible l'enseigne de la manière la plus explicite. « Dieu n'est pas seulement le Dieu des Juifs, — de ceux qui ont la connaissance de la Révélation, — mais il l'est aussi des Gentils, » — de ceux qui sont privés de ce puissant moyen de grâce. « La gloire, l'honneur et la paix seront pour *tout* homme qui fait le bien, pour le Juif premièrement, puis aussi pour le

Grec. » (Rom. II, 10). La connaissance du péché leur est donnée : « Quand les Gentils, qui n'ont point de loi (écrite), font naturellement les œuvres selon la loi, ils montrent que ce qui est prescrit par la loi est aussi écrit dans leur cœur. » (Rom. II, 14). Dieu se révèle à eux, sinon par la Bible, du moins par le grand livre de la création : « Ce qu'on peut connaître de Dieu a été manifesté par Dieu lui-même, car ses perfections invisibles, sa puissance éternelle et sa divinité se voient comme à l'œil, depuis la création du monde, quand on considère ses ouvrages. » (Rom. I, 20). Et ce passage (Rom. X, 14-15), que l'on cite ordinairement contre le salut des païens, l'établit, au contraire, d'une manière irréfragable. En effet, après avoir dit : « Comment le leur prêchera-t-on s'il n'y en a point qui leur soient envoyés? » l'apôtre ajoute aussitôt : « La foi vient de ce qu'on entend de la Parole de Dieu. Mais (les païens) ne l'ont-ils pas entendue? Au contraire, la voix de ceux qui l'ont prêchée est allée par toute la terre, et leur parole jusqu'aux extrémités du monde. » Paul cite ici textuellement le Psaume XIX : « Les cieux racontent la gloire de Dieu,... il n'y a point en eux de langage, et, néanmoins, leur voix va par toute la terre, et leurs paroles jusqu'aux extrémités du monde. » Ainsi, les païens ont le livre de la conscience et celui de la création ouverts continuellement devant eux, et ces moyens sont suffisants pour les amener à Dieu. Au reste, le Seigneur n'est pas un « maître dur et sévère qui moissonne où il n'a point répandu. » Sodome, Gomorrhe, Ninive, etc., placées en dehors de la révélation, seront traitées moins rigoureusement au jour du jugement que Capernaüm, Bethsaïda et Corazin. Certainement notre Dieu est juste en toutes ses voies.

Il reste une arrière-pensée. La révélation est de beaucoup le moyen le plus efficace, et cependant des âmes qui sont rendues responsables de la faute d'Adam malgré elles, qui viennent au monde avec un penchant au mal , sans qu'elles aient pu l'éviter, doivent-elles être privées d'un moyen aussi efficace de régénération et de salut ? Ce n'est pas là une question oiseuse, mais c'est une question qu'on a le droit de poser, car nous ne devons nourrir aucune pensée incompatible avec l'amour et la justice de Dieu.

Du moins les Catholiques romains et, après eux, les Luthériens, ne pouvant expliquer le péché originel, ont imaginé un moyen d'en neutraliser les effets déplorables. La faute d'Adam étant imputée aux enfants, dès leur conception, ils en sont délivrés de même sans leur participation. On a attribué au sacrement du baptême une vertu particulière ; celle de délivrer l'âme de la souillure du péché originel. Mais cette erreur devait nécessairement, en engendrer d'autres : c'est une loi fatale. Assurément, on n'a pas le courage d'être trop sévère contre une telle hérésie, elle n'est que le fruit de la doctrine de l'imputation, elle lui sert de correctif. Les Luthériens se sont arrêtés à mi-chemin dans cette voie ; les Catholiques, plus logiques en ce point, sont arrivés à des conclusions absurdes, mais du moins elles ont le mérite d'être rigoureusement déduites. Malgré leurs précautions minutieuses, malgré les concessions qu'ils ont dû faire — jusqu'à accepter l'efficacité du baptême administré par une sage-femme hérétique — ils ont encore dû prévoir le cas où l'enfant viendrait à mourir sans être muni de ce sacrement. Au lieu de décréter la damnation éternelle de ces pauvres créatures, la logique du cœur, plus juste ici que celle de l'esprit, les a conduits à imaginer les *limbes* où sont recueillies, hors de la présence de Dieu, mais à l'abri de toute souffrance, les âmes des enfants morts avant le baptême. Assurément cette nécessité d'entasser erreur sur erreur pour sortir de l'impasse de l'imputation est, à nos yeux, la réfutation la plus éloquente de cette doctrine. Et nous sommes ainsi avertis que le péché originel — que nous n'avons garde de nier — est un fait inexplicable par une semblable hypothèse.

D'ailleurs, le baptême aurait-il la vertu de laver notre tâche originelle, qu'il ne pourrait encore remédier parfaitement au préjudice que nous cause l'imputation. Il lui resterait à nous régénérer et changer notre cœur, car si malgré le baptême nous conservons notre nature orgueilleuse, rebelle et incrédule, nous n'avons pas lieu d'être satisfaits; le remède proposé n'est qu'un palliatif.

Enfin, il nous reste une dernière objection. Si l'imputation ne peut suffire à expliquer cette inclination au mal que nous apportons avec nous, elle peut bien moins encore rendre compte des divers degrés de perversion qui se manifestent chez les jeunes enfants ; la même cause devrait produire les mêmes effets. Dieu communique à chaque âme le même degré de pureté en les créant ; Adam leur a imprimé la même tâche originelle, et cependant que de caractères variés chez les enfants! C'est un fait indiscutable. On rencontre de jeunes enfants d'un caractère doux, aimable, affectueux, accessible au bien ; d'autres, au contraire, sont violents, irascibles, menteurs, jaloux, subissant sans combats les plus mauvaises influences. Et cette différence ne tient parfois ni à l'éducation reçue, ni au milieu dans lequel ils vivent. Des frères élevés au même foyer, dans des conditions identiques, d'après les mêmes principes, présentent souvent les disparates les plus étranges.

Il se présente même quelquefois des faits plus singuliers encore. Un enfant placé dans les circonstances les plus favorables à son développement, né de parents pieux, dirigé avec la plus tendre sollicitude dans le sentier de la droiture, éloigné avec soin de tout ce qui pourrait le séduire, enveloppé d'une atmosphère de prière et d'amour, a souvent trompé les plus douces espérances de sa famille. Que de tristes exemples n'aurions-nous pas à citer! D'autre part, on a vu des enfants nés au milieu du vice et de la débauche, entourés dès leur naissance de tout ce qui peut les induire au mal : les exemples pernicieux sont constamment sous leurs yeux, le vice leur est présenté sous les dehors les plus séduisants; rien ne leur a manqué pour favoriser leur corruption, et on avait même prédit qu'ils seraient un jour la honte de la société. Cependant il n'en est rien; dans cette atmosphère morbide, leur âme s'est tournée vers Dieu; une puissance irrésistible les a poussés au bien ; ils ont conservé dans leur cœur, au milieu de la corruption qui les entoure, les sentiments les plus nobles, les plus généreux ; telle cette fleur des marais qui conserve pure dans son calice une goutte de rosée au sein de cette onde bourbeuse où se balance sa tige. Et qu'on ne s'imagine pas que nous inventons un tableau pour les besoins de notre cause ; nous retenons au contraire des noms bien connus au bout de notre plume.

Voilà une objection bien grave, en effet. Ne suffit-il pas dès lors d'avoir un esprit libre de tout préjugé pour reconnaître que le dogme de l'imputation n'explique nullement le péché originel, et qu'ainsi le créatianisme croule sur sa base? Toutefois nous n'abandonnerons pas ce sujet sans présenter quelques objections d'une tout autre nature : elles achèveront de convaincre ceux qui connaissent le travail de la repentance et les combats de la foi.

VII

La repentance pour être réelle, sincère, agréable à Dieu, doit reposer sur le sentiment de notre culpabilité personnelle, et surtout sur la conviction que nous avons fait un mauvais usage de notre liberté. Il faut trouver en nous la ferme persuasion que si nous sommes tombés, il n'y avait nullement nécessité, mais que nous étions libres d'être fidèles. Il faut que nous puissions dire à Dieu : « Tu m'avais créé saint, juste et bon, mais je me suis révolté contre toi ; j'ai cédé à la tentation dont j'aurais pu triompher si j'avais employé tous les moyens que ton amour a mis à ma disposition : je n'ai point d'excuse de mon péché! » (I Cor. x, 13,) — Mais l'imputation enlève cette base à notre repentance. Mon cœur a été corrompu et je n'en suis point cause ; mon penchant au mal est l'héritage légué par Adam, sans qu'il me soit permis de le répudier ; je ne suis plus une créature libre, je ne l'ai jamais été. Dois-je être responsable quand ma liberté m'a été ravie? Un enfant est-il coupable de ne pas jouir de la santé, s'il a reçu de ses parents une constitution viciée? Avec l'imputation, de tels raisonnements s'élèvent du cœur, et s'il est des hommes qui en soient exempts, c'est qu'à travers les ténèbres de l'intelligence, l'Esprit saint atteint leur cœur, les convainc de péché, et quand cet Esprit divin a trouvé accès en eux, les raisonnements se dissipent. Or, quelle est la valeur d'une doctrine qu'il faut laisser à la porte du sanctuaire, si l'on veut entrer en communion avec Dieu, de crainte qu'elle ne vienne « troubler notre sacrifice » et empêcher les rayons divins d'arriver jusqu'à notre cœur ? (Gén. xv, 11).

Ensuite comment expliquer ces mouvements religieux qui éclatent à des époques et dans des contrées qu'on n'aurait pu déterminer d'avance? Nous voulons parler des Révells. L'action de l'Esprit saint dans le monde comme au sein de l'Eglise est permanente. Dieu ne se repose jamais, il frappe toujours à la porte des cœurs; il appelle les hommes à la repentance, à la vie d'une manière incessante. D'autre part la résistance du cœur naturel est constante et les réveils échappent à toute règle fixe. Ils sont comme des météores lumineux qui brillent quelques jours à l'horizon et disparaissent tout à coup dans leur course capricieuse et vagabonde, à la fin de laquelle ils reviennent encore visiter notre planète.

Ouvrons l'histoire de l'Eglise, nous y trouverons le plus souvent une longue série d'années d'indifférence et de mort spirituelle, interrompue soudain par un réveil religieux, variant en étendue comme en intensité, d'une durée éphémère ou se prolongeant au-delà d'une génération; éclatant dans une contrée, au sein d'un peuple, à une époque où rien ne le faisait pressentir. Tels, au xvr° siècle, le mouvement de la Réforme, qui s'étendit à l'Europe entière; à la fin du siècle dernier, en Angleterre, l'œuvre opérée par Wesley; en 1858, en Amérique, le réveil extraordinaire dont nous nous sommes tous si vivement réjouis; etc.

Que se passe-t-il d'extraordinaire dans le règne de la grâce au moment où ces phénomènes se produisent? Le plus souvent, c'est à l'instant le plus imprévu que les âmes sont saisies, terrassées avant d'avoir essayé la lutte. C'est un ouragan qui abat les cèdres les plus

3

orgueilleux; c'est une flamme qui embrase tout sur son passage; les cœurs les plus durs sont brisés. On dirait une force irrésistible. Peu à peu ces influences bénies s'affaiblissent et le monde rentre par degrés dans son indolence habituelle. Pourquoi Dieu n'agit-il pas toujours de la même manière? les hommes de telle époque et de telle région seraient-ils plus accessibles à l'Evangile? Comment le dogme de l'imputation répondrait-il à toutes ces questions?

Et ce fait paraîtra bien plus incompréhensible, si l'on considère que la Bible prédit elle-même, tantôt des temps de réveil et tantôt des périodes de langueur et de mort spirituelle. « Après cela les enfants d'Israël se retourneront et rechercheront l'Eternel leur Dieu et David leur roi, et vénéreront l'Eternel en sa bonté, aux derniers jours. » (Osée III, 5). — Voyez encore: Deut. IV, 30. — Ps. LXXXV, 9. — Esaïe XIX, 19-23. — Ezéch XXXVI, 24-31.

Et ailleurs, au contraire: « Quand le Fils de l'homme viendra, pensez-vous qu'il trouve de la foi sur la terre? » (Luc, XVIII, 8) Et cette prophétie: « Il y aura aux derniers jours des temps fâcheux, les hommes seront amateurs d'eux-mêmes, avares, vains, orgueilleux, médisants...., ennemis des gens de bien..., ayant l'apparence de la piété, mais ayant renoncé à sa force. » (2, Tim, III, 1-2. — Voyez encore I, Tim., IV, 1-3, Deut., XXI, 29). Comment concilier ces divers passages avec la liberté de l'homme, avec l'imputation?

On a essayé de trancher la difficulté par la prédestination. Ce n'est pas ici le lieu de réfuter cette doctrine avec tous les développements que ce sujet mériterait; cependant, il faut en dire un mot. Chacun sait que la prédestination est ce décret par lequel Dieu a résolu de toute éternité d'accorder la gloire éternelle à un petit nombre de privilégiés, et d'abandonner les autres à une condamnation éternelle. Ce décret n'a d'autre source que la volonté de Dieu ; il ne tient aucun compte ni de la volonté, ni de la liberté de l'homme. Si Calvin n'a pas imaginé cette doctrine , puisqu'elle florissait au temps de saint Augustin , il en a déduit, le premier, toutes les conséquences terribles avec une logique si impitoyable qu'il a mérité de lui donner son nom. La prédestination calviniste nous paraît un blasphème.

Elle anéantit la liberté de l'homme et aboutit directement au fatalisme, quoique ses partisans aient cherché à l'en défendre. Cependant, Dieu s'adresse à des créatures libres : « Vous *ne voulez point* venir à moi pour avoir la vie. » (Jean v, 40, Luc xiii, 34.)

Elle nie l'amour de Dieu et sa justice, car ici pas d'équivoque possible ; Dieu condamne aux peines éternelles tous ceux qu'il n'a pas élus, tous ceux auxquels il refuse les moyens efficaces de salut.

Et c'est par une telle doctrine que l'on répond aux objections soulevées par l'imputation ! Que nous sommes heureux de connaître un autre Dieu que celui des prédestinations ! Si la perte ou le salut de notre âme est fixé par un décret irrévocable, nous n'avons qu'à attendre avec l'impassibilité du musulman, l'exécution d'un arrêt que nous ne pouvons modifier. Inutile de travailler au salut de nos semblables ; nous ne pourrons les arracher au malheur éternel si Dieu les y a destinés. S'ils doivent être sauvés, ils ne courent aucun danger, malgré leur obstination et leur endurcissement.

Telles sont les objections principales contre le créatianisme. Nous avons insisté surtout sur le péché originel, que l'hypothèse traditionnelle sur l'origine de l'âme, ne peut expliquer. Nous avons démontré que la doctrine de l'imputation n'est ni rationnelle, ni biblique, pas plus que celle de la prédestination calviniste. Nous avons donc le droit de conclure que le créatianisme est aussi inadmissible que l'opinion de Tertullien. Il nous reste à exposer avec simplicité celle que nous croyons conforme à la parole de Dieu : c'est-à-dire la préexistence.

VIII

Il est question, pour la première fois, de la préexistence dans la religion brahmanique. « Tout nous porte à croire que le sacerdoce la donna pour une explication suffisante, en même temps que pour une justification, du classement des hommes en plusieurs catégories tranchées : c'était un moyen facile de légitimer sa supériorité sur le reste de la nation, et de maintenir dans la résignation et l'obéissance les classes déshéritées. » (1) Les Pythagoriciens s'emparèrent de cette doctrine et la complétèrent en empruntant aux Egyptiens leur dogme de la transmigration des âmes. Les premiers, ils enseignèrent parmi les Grecs que les âmes humaines avaient été primitivement des esprits purs, que quelque transgression les avait fait exiler du ciel sur la terre et emprisonner dans des corps mortels. S'il faut en croire certains auteurs, cette doctrine a été aussi enseignée par Phérécide, Empédocle et quelques autres philosophes antérieurs à Socrate; mais rien ne nous est resté de leurs écrits, en sorte que nous en sommes réduits à des conjectures.

(1) Pour l'historique de la préexistence, nous avons mis largement à contribution une *Etude* admirable de M. le professeur Nicolas, sur ce même sujet, voir dans : *Essais de Philosophie et d'Histoire religieuse*, l'article sur la *Préexistence*

Platon a formulé le premier cette doctrine avec clarté dans plusieurs de ses dialogues. Selon lui, toutes les âmes ont été formées, par le principe éternel, dès l'origine des choses. « Le monde suprasensible est leur demeure, mais, se laissant séduire par l'attrait des plaisirs sensibles, elles tombent sur la terre et viennent animer des corps mortels, jusqu'à ce qu'elles aient expié leur faute et reconquis leur pureté primitive ; elles rentrent alors dans leur patrie. » Philon, d'Alexandrie, amplifia et modifia considérablement ce système. D'après ce philosophe, « tous les esprits purs ne sont pas exposés à une chute. Ceux qui habitent les plus hautes régions de l'air restent inaccessibles aux séductions du monde sensible. Ils ne sont, par conséquent, jamais condamnés à revêtir un corps mortel. Mais il est une autre classe d'esprits qui, placés dans les régions inférieures de l'air, se trouvent plus exposés aux séductions terrestres. Ceux-là viennent animer des corps mortels à mesure qu'ils succombent à la tentation.

Quelques théologiens soutinrent la préexistence, mais nul ne le fit avec plus de talent et d'énergie qu'Origène. D'après son système, toutes les âmes ont été créées égales et libres, mais elles ont abusé de leur liberté et ont été reléguées sur la terre en punition de leurs péchés. Enfermées dans des corps, elles souffrent en raison de leur culpabilité et se relèvent par la pratique de la vertu jusqu'à se rendre dignes de rentrer dans leur premier état de félicité. Avant de descendre sur la terre pour animer un corps humain, l'âme habite un lieu inconnu auprès de Dieu (1). Cette hypothèse trouva un petit nombre de partisans dans l'Eglise ; on peut citer toutefois Prudence, Photius, et surtout Synésius. Mais

(1) Origène. *De principiis*. I, 7. II, 9, § 6.

combattue par plusieurs docteurs, elle fut anathématisée au Concile de Constantinople, réuni par Justinien
en 538.

Cependant elle n'a jamais disparu complètement. Au
xvi⁰ siècle, Giordano Bruno essaya de la faire revivre.
Van Helmont le jeune, travailla à la propager au xviiᵉ siècle parmi les mystiques de cette époque. De nos jours,
elle compte de nombreux partisans en Allemagne, en
France, en Angleterre, en Amérique. Les philosophes
Kant et *Schelling* sont rangés généralement parmi ses
adeptes, mais ce qui est incontestable, c'est que *Benecke*,
dans son *Commentaire* sur l'Epître aux Romains s'est
décidément prononcé en faveur de cette doctrine. Ce
théologien soutient que la préexistence n'est pas anti-
biblique, qu'elle est très-propre à rendre compte d'un
grand nombre de faits obscurs et difficiles de l'Ecriture
Sainte et de la nature et qu'elle est d'un grand secours
pour la solution du problème de l'origine du mal. *Julien
Müller* a aussi adopté cette doctrine pour la même raison.
« Le sentiment que le pécheur a de sa faute, dit-il,
prouve inévitablement que le mal moral est le produit
de sa volonté. Mais où est le premier acte de sa détermination ? On le chercherait en vain dans sa vie empiri-
que. Il ne reste qu'à remonter au-delà jusqu'à une
existence intelligible qui l'a précédée et qu'à placer, dans
cette existence antérieure, la détermination primitive de
la volonté humaine pour le mal. » *Rückert* déduit la
préexistence de l'universalité du péché. Selon lui, on ne
peut expliquer notre dépendance de la nature dans cette
vie qu'en supposant qu'avant d'entrer dans cette existence
terrestre, nous nous sommes déjà mis en opposition avec
les lois éternelles et avec la loi imposée par Dieu à notre
volonté. Enfin *Fichte* le fils, peut être compté parmi les
partisans de la préexistence. D'après lui, l'homme se

compose de trois parties : le corps, l'âme et l'esprit.
L'âme est à peu de chose près ce que nous nommons
fluide vital. L'esprit est d'un ordre plus élevé, c'est
un être supranaturel. Le corps n'est que sa demeure
momentanée, il est antérieur à l'être humain vivant,
comme il lui sera postérieur. *Fichte* appuie sa théorie
sur ces faits psychologiques : les principes de la pensée qui, loin de dériver des phénomènes empiriques,
en rendent seuls la perception possible, les aspirations
de l'esprit vers un monde meilleur, l'universalité du
mal moral. De nos jours, plusieurs philosophes, *Jean
Reynaud, Pierre Leroux,* etc., professent la préexistence
des âmes, mais ces croyances sont, chez la plupart de
ces écrivains, unies à la croyance de la pluralité des
existences de l'âme, de leur migration dans tel ou tel
monde préparé à cet effet par le Créateur. Nous n'avons
nullement la pensée de discuter de pareils systèmes qui
n'ont rien de commun avec la Bible ; nous ne les men-
tionnons que pour mémoire et nous poursuivons.

Les Juifs croyaient à la préexistence : elle faisait partie
de la doctrine des Esséniens, secte la plus religieuse du
Judaïsme. « D'après Josèphe, les Esséniens n'admet-
taient pas seulement l'intervention de la Providence dans
les événements de ce monde, ils allaient jusqu'au fatalisme ou à la doctrine désespérante de la prédestination. Non contents de croire à l'immortalité, ils suppo-
saient aussi la préexistence des âmes, comme il est permis de l'affirmer d'après ce passage de l'historien juif :
« Les Esséniens croyaient fermement que comme nos
» corps sont mortels et corruptibles, nos âmes sont
» immortelles et incorruptibles ; que, descendues de
» l'éther le plus subtil et attirées vers nos corps par un
» certain charme naturel, elles y restaient enfermées
» comme dans une prison, mais que, délivrées de ces

» liens charnels comme d'un long esclavage, elles repre-
» naient avec joie leur essor vers le ciel. » Evidemment
pour qu'il en soit ainsi, il faut que l'âme ait précédé
le corps et vécu d'une autre vie avant de connaître
celle-ci (1). »

Il est vrai que M. le professeur Nicolas (2) pense qu'il
ne faut voir dans les paroles de Josèphe qu'un à-peu près.
D'après lui les termes mêmes de l'historien juif, sont
empruntés à Homère et à Platon ; mais ce qui nous a
engagé à nous ranger à l'opinion de M. Franck, c'est
que l'affirmation de Josèphe se trouve confirmée par les
écrivains inspirés et — comme nous l'établirons bientôt dans nos preuves directes — nous avons tout lieu
de croire que de toute antiquité, les Israëlites ont cru à
la préexistence. Du moins, un fait hors de toute contes-
tation, c'est que cette croyance était généralement admise par les Juifs, à l'époque où Jésus vivait sur la terre.

IX

Exposons maintenant avec simplicité la doctrine de la
préexistence, telle qu'elle est, selon nous, enseignée dans
l'Ecriture Sainte.

Dieu a créé primitivement toutes les âmes des hommes et des myriades d'intelligences célestes pour l'aimer
et célébrer ses louanges. Elles sortiront toutes des mains
du Créateur dans un état d'innocence et de pureté par-

(1) Franck, *Etudes orientales*, p. 300-301.
(2) M. Nicolas, *Doctrines religieuses des Juifs*, p. 80.

faites et vivaient dans la communion de Dieu. Obéir, croire, aimer, c'étaient pour elles des actes spontanés ; le bien était leur élément et c'était sans effort qu'elles pratiquaient la volonté de Dieu. Point de médiateur entre Dieu et ses créatures ; l'homme comprenait la volonté de Dieu par intuition immédiate. La lumière et la vie, émanant du sein de Jéhovah, rayonnaient vers toutes ses créatures pour féconder ces germes divins déposés en elles et ses créatures faisaient converger vers ce centre éternel leur adoration, leurs hymnes d'amour : mystérieux échange, ineffable commerce, où Dieu prenait tout son plaisir et où toutes les créatures puisaient la vie et la félicité. Dans cet heureux état, toute la création spirituelle se développait sans entraves dans le bien et, si elle eût persévéré dans une telle voie, elle se serait élevée par degrés, sans secousses, à cette plénitude divine que le Créateur leur avait réservée. Transformée de gloire en gloire à l'image de Dieu, elle eût reçu, pour prix de la fidélité, la vie éternelle, la propre vie de Dieu que rien ne saurait plus détruire.

Mais l'homme étant une créature libre devait être éprouvé, avant de parvenir à ce degré de gloire. L'innocence pour être transformée en sainteté a besoin d'être soumise à la tentation : point de triomphe sans épreuve. L'ennemi s'introduisit dans ce séjour de délices et de pureté — qui n'était pas le ciel des élus — et sollicita les âmes à se détourner de la voie que Jéhovah leur avait tracée. Le récit de la tentation et de la chute en Eden, dont la chute dans les lieux invisibles est le prototype, nous permet de nous représenter le drame terrible qui se déroula « dès avant les siècles. » Dieu avait dit à ses créatures : « Vous serez semblables à moi, je vous rendrai participantes de ma vie divine, si vous persévérez dans cette voie de soumission, de fidélité et de bonheur. »

L'ennemi leur insinua: « Pour devenir des dieux, il est une voie plus prompte, plus infaillible, il suffit de manger de l'arbre de la science du bien et du mal. » Tentation subtile, s'il en fut jamais ! Le démon ne les détourne pas du but, il leur propose seulement une voie différente pour y parvenir. C'est du reste toujours par la même tentation sous mille formes diverses, qu'il s'efforce encore de nous détourner du droit chemin. Il nous excite à chercher la satisfaction de nos aspirations légitimes par des moyens détournés. « Les eaux dérobées sont douces, nous dit-il, et le pain pris en cachette est agréable » (Prov. ix, 17). C'est ainsi qu'il a dit à Jésus : « Si tu veux apaiser ta faim, transforme en pain ces pierres. » La création tout entière se laissa prendre à ce piège et dès lors quel changement profond !

L'orgueil pénétra dans le cœur de l'homme avec l'amour de l'indépendance ; il s'affranchit du joug de son Créateur et aspira à devenir son seul maître, son propre Dieu. Une fois entré dans cette voie funeste, sa ruine fut consommée. Un abime fut creusé entre lui et Dieu : plus de communion, plus de joie ; un malheur épouvantable est désormais son partage. Aucune lueur d'espérance ne brille dans ces profondes ténèbres, mais le remords le consume, le regret de la béatitude qu'il vient de perdre l'accable, la justice divine l'anéantit: le Dieu d'amour est devenu un feu consumant. Et ce qui couronne cette désolation, c'est que ce malheur doit être éternel. Tel est le fruit que l'homme recueille de sa fatale résistance à son Créateur: sa chute est radicale, sans remède.

Il s'est trouvé des théologiens qui ont nié la corruption radicale de l'homme. « Ils recueillent pieusement — disent-ils, — les épaves que l'homme a sauvées de son naufrage, les restes de sa pureté primitive, tels que le senment religieux, le désir d'immortalité, ses vestiges d'affection naturelle. » Puis il s'écrient avec fierté : « Oui nous pouvons nous-mêmes, à force de volonté et d'énergie remonter au degré de pureté d'où nous sommes déchus. » C'est une illusion. Ces docteurs oublient que l'homme naturel, l'homme tel que le péché l'a fait, n'existe plus. L'homme qu'ils voient sur la terre, est déjà enrichi de la grâce prévenante, répandue gratuitement sur tous les hommes. « Dieu était en Christ réconciliant le monde avec soi et ne leur imputant point leurs péchés » (2 Cor. v, 19). L'homme naturel a fait place à l'homme réconcilié. « O profondeur des richesses insondables de la miséricorde divine! » Quand l'homme était au fond d'un abime, « gisant dans son sang, » dépouillé de tout bien, alors Dieu chercha en lui-même les moyens de le sauver, tout en sauvegardant sa justice. Il y eut dans le ciel une solennelle délibération à la suite de laquelle sa justice et son amour se sont entrebaisés: Jésus s'immole à la justice du Père, et le Père pardonne au nom de son Fils. Au moment où ce plan sublime fut arrêté, le cœur de Jéhovah tressaillit d'un amour ineffable. Qui pourrait mesurer l'étendue du sacrifice de Christ! Il faudrait comprendre tout à la fois la gloire dont il jouissait « avant que le monde fût fait, » et le degré d'anéantissement où il a consenti à descendre, afin de sentir toute la vertu de cette parole: « Jésus-Christ qui était *riche*, s'est fait *pauvre* pour nous, afin que par sa pauvreté nous fussions enrichis. » (2 Cor. viii, 9.)

Le sacrifice du Sauveur n'a pas commencé seulement à la crèche de Bethléem pour se consommer au Calvaire. « L'agneau sans défaut et sans tache était déjà destiné à la mort dès avant la création du monde » (1 Pier. i., 19-20). Aussi a-t-il dû, avant les temps, renoncer à sa propre volonté, accepter la croix avec toute son amertume, et se dépouiller de sa gloire, selon ce passage : « Rends-moi la gloire que j'avais chez toi avant que le monde fût fait. » (Jean XVII, 5). Ainsi le salut est acquis à l'humanité déchue, dans les lieux invisibles. Les uns ont dû l'accepter avec reconnaissance, d'autres ont persévéré dans leur orgueil, et ont foulé aux pieds « le sang de l'alliance. » Cependant leur condamnation n'a pas été scellée irrévocablement. Dieu a accordé aux hommes un temps de répit, car il ne veut pas la mort du pécheur. Il les a soumis à une nouvelle épreuve, afin que l'Esprit puisse encore agir en eux pour produire la repentance, et que ceux qui s'obstineront dans leur rébellion jettent, comme les vagues de la mer, « l'écume de leurs impuretés » (Jude 1, 13).

La terre est donc pour l'homme un séjour d'épreuve que Dieu lui a préparé. Les âmes y sont unies à un corps et recommencent ici-bas une nouvelle existence qui n'est que la continuation de la vie primitive, dans des circonstances nouvelles. Elles y arrivent avec les dispositions bonnes ou mauvaises qui se sont formées en elles, selon leur soumission ou leur résistance à l'Esprit. Quand toutes les âmes auront subi cette épreuve terrestre, notre globe, n'ayant plus de raison d'être, sera détruit et alors « sera la fin. » Un jugement définitif sera prononcé et le sort de chaque créature sera irrévocablement fixé.

Telle est en résumé la doctrine qui, selon nous, doit être substituée à la théorie scolastique sur l'origine de l'âme. Il nous reste à prouver qu'elle a pour elle la Bible. — qu'elle répond aux exigences d'une saine philosophie, c'est-à-dire qu'elle est rationnelle — qu'elle résout admirablement toutes les difficultés qui s'accumulent autour de l'hypothèse traditionnelle.

X

Commençons par les objections, nous fournirons ensuite nos preuves directes. Parmi ces objections, il en est qui sont spécieuses, il en est d'autres tellement inspirées par le matérialisme qu'il suffira de les énumérer en passant.

1° « L'âme est dépendante du corps, et ne peut exister sans lui : il ne saurait y avoir ni préexistence, ni immortalité. — Les souffrances des enfants ne prouvent nullement un péché antérieur, car on serait en droit de tirer les mêmes conclusions des souffrances des animaux. — L'argument puisé dans le fait de la mort des enfants, avant leur naissance ou dès leur jeune âge, n'a pas plus de valeur; car dans la nature on trouve des exemples semblables et autrement puissants. Ainsi sur plusieurs milliers d'œufs que produit tel ou tel poisson, quelques-uns seulement arrivent jusqu'à l'éclosion et tout le reste périt. Faudrait-il admettre pour cela la préexistence des poissons ? — Enfin un homme qui ne croit pas à la vie antérieure peut avoir pitié d'un malade qui souffre, d'un pauvre qui meurt de faim, mais au contact de la préexistence, notre compassion tarit tout à coup et nous laissons passer la justice de Dieu. Nous pensions être dans un hôpital, nous sommes dans une prison de forçats » (1).

On pourrait en toute sûreté de conscience, se dispenser de discuter ces diverses objections. D'abord, si l'âme est

(1) Taine. *Essais de critique et d'histoire.*

réellement dépendante du corps, si elle ne peut vivre séparée de lui, que deviendra-t-elle donc à notre mort à l'heure de la résurrection des corps ? — Ensuite, il n'y a aucune comparaison à établir entre les enfants, créatures faites à l'image de Dieu et les animaux « destitués de raison, créés seulement pour être pris et détruits. » (2 Pierre ii. 12.) — Enfin, la terre n'est pas « une prison de forçats », c'est un séjour d'épreuve que chacun de nous doit traverser. Les souffrances de nos frères nous humilient nous-mêmes, réveillent notre sympathie, excitent notre charité, d'autant mieux que nous croyons avoir mérité une semblable infortune.

2° Voici une objection autrement sérieuse. — Comment faire concorder la préexistence avec le récit de la création et de la chute de l'homme, tel que nous le donne Moïse. « Dieu — dit-il — créa l'homme à son image, il le créa à l'image de Dieu. » Tandis que d'après cette hypothèse, l'homme aurait déjà perdu son innocence avant son apparition sur la terre.

Reprenons le récit de la Genèse. Après avoir préparé à sa créature privilégiée une demeure royale, Dieu dit : « Faisons l'homme à notre image et selon notre ressemblance — et aussitôt pour désigner comment l'homme doit reproduire l'image de Dieu, il ajoute : — « Qu'il domine sur tout ce qui a vie sur la terre ! » L'homme est donc sacré roi de la création, l'autorité du Créateur lui est déléguée; et une preuve certaine de la justesse de cette interprétation, c'est qu'après sa désobéissance cette autorité souveraine lui est enlevée. De roi, l'homme devient sujet, les animaux sont déliés du serment de fidélité envers leur souverain; la terre elle-même se refuse à lui prodiguer ses fruits et il faudra désormais qu'il les lui arrache à la sueur de son front.

Non, l'homme ne fut pas placé en Eden dans un état

d'innocence et de pureté. Et quoique Salomon déclare que « Dieu a créé l'homme droit, mais qu'ils ont cherché beaucoup de discours, » (Eccl vii. 29) ce texte n'infirme en aucune manière ce que nous venons d'établir. L'écrivain ne fait ici nullement allusion à la chute d'Adam — le contexte le prouve abondamment — il exprime plutôt cette vérité générale à laquelle nous sommes les premiers à souscrire, vérité qui n'est pas contraire à la préexistence : l'homme est sorti pur des mains de Dieu — et par l'homme il faut entendre non seulement Adam, mais l'humanité tout entière ; cela est tellement vrai que par une syllepse fort usitée, le pluriel revient dans la seconde partie du texte. L'homme donc — c'est-à-dire tous les hommes — ont été créés droits, mais ils se sont tous égarés en cherchant beaucoup de discours. C'est ce que nous croyons fermement, mais cette création et cette chute ont précédé notre existence terrestre. Et quand l'homme a fait sa première apparition ici-bas, il était déjà déchu de son innocence primitive, pécheur et enclin au mal. La préexistence loin de recevoir la moindre atteinte de ce passage, en reçoit au contraire une confirmation nouvelle.

Au reste, c'est ce qui ressort avec la dernière évidence de la chute même en Eden. Dieu place l'homme dans la condition la plus favorable : nulle épreuve, nulle privation ; tout était réuni pour le rendre heureux, si le bonheur pouvait consister dans les jouissances extérieures, s'il n'était pas avant tout un état d'âme : le témoignage que nous sommes agréables à Dieu. Une défense lui fut faite : « Tu ne mangeras point du fruit de l'arbre de la science du bien et du mal » — avec une menace : « Au jour où tu en mangeras tu mourras de mort. » Aussitôt Adam et Eve font cette expérience, si admirablement décrite au chapitre vii aux Romains : « Quand j'étais sans loi, je vivais ; mais quand le commandement est venu, le péché *a repris la vie* et moi je suis mort. Le péché pour paraître péché m'a causé la mort par une chose qui était bonne, (la loi) en sorte que le péché *a pris de nouvelles forces* par le commandement même. » La défense de Dieu réveille la résistance dans le cœur d'Eve, seulement « la mère de nous tous » est pour un temps retenue par la menace : « Nous ne mangeons point de peur que nous ne mourrions. » Mais quand on n'est fidèle que par crainte du châtiment, on n'est pas loin d'être vaincu : l'ennemi trouvera toujours le secret de dissiper notre frayeur et d'endormir notre conscience.

« Vous ne mourrez nullement ! » Eve croit à la parole du serpent, les ténèbres montent de son cœur, elle oublie la menace de l'Eternel. A cette séduction intérieure, viennent se joindre la convoitise des yeux et la convoitise de la chair : « Le fruit était agréable à la vue, bon à manger, et propre à donner la connaissance du bien et du mal. » Elle avance donc sa main, cueille du fruit, en mange et en offre à son mari qui en mange avec elle.

En quoi cette expérience de nos premiers parents, à l'heure de la tentation, comme après leur chute, diffère-t-elle de celle, hélas ! de tant de pécheurs « enclins au mal » de leur nature ? Comme nous, ils succombent presque sans combat, et pour que la conviction de péché pénètre dans leur cœur, il faut que la voix de Dieu frappe leurs oreilles. Tel David, malgré sa piété réelle et profonde, eut besoin, après le meurtre d'Urie, d'entendre la voix de Nathan pour se réveiller de sa léthargie spirituelle et pour s'écrier du fond de l'âme : « C'est contre toi seul que j'ai péché... délivre-moi du sang... lave et relave-moi de ma faute et purifie-moi de mon péché » (Ps. LI).

Evidemment, si Adam et Eve eussent été purs de toute iniquité quand le serpent s'approcha d'eux, la victoire eut été plus vivement disputée, la chute moins profonde, le relèvement plus spontané. N'est-ce-pas là l'heureuse expérience de ces âmes d'élite qui se tiennent près de Dieu et vivent avec lui dans une communion intime ? La Bible fourmille de pareils exemples.

Quelle différence entre Adam et Joseph par exemple ! Le fils de Jacob est tenté lui aussi par une femme, mais à toutes ses sollicitations, il oppose cette parole admirable : « Comment ferais-je un si grand mal et pécherais-je contre Dieu. » Voilà le langage d'un cœur pénétré de l'amour de son Dieu, aussi remporte-t-il la victoire. »

« Voyez le jeune Daniel à la cour de Babylone. Il prend dans son cœur la résolution de ne point se souiller avec les viandes royales » et il demeure ferme malgré les périls auxquels sa fidélité peut l'exposer. Plus tard, près de quarante ans après, « il prie trois fois le jour, les fenêtres ouvertes du côté de Jérusalem », malgré l'édit arraché au faible Darius, et, jeté dans la fosse aux lions, il attend avec foi la délivrance du Dieu qu'il sert avec tant de fidélité !

Et, pour terminer, voyez Jésus, le second Adam. La tentation au désert n'est que la contre-épreuve de celle en Eden. Jésus avait jeûné quarante jours et quarante nuits ; Adam se trouvait au sein de l'abondance. Là, Satan déclare à Ève que Dieu a menti — le piège était bien grossier — ici, il cherche à faire douter le Fils de Dieu du témoignage que son Père lui a rendu. En Eden, Ève est excitée à une révolte ouverte ; au désert, Jésus est poussé à apaiser simplement sa faim par un miracle, acte légitime en lui-même et qui ne devient coupable que s'il est accompli sans un commandement formel du Seigneur. Satan promet à l'homme de devenir l'égal de Dieu ; il ne promet à Jésus que l'empire du monde dont il doit être un jour investi. Et cependant, quel triomphe au désert, quelle chute en Eden ! La faute d'Adam nous humilie, nous révèle tout notre néant; nous « constitue pécheurs. » Qui pourrait en effet désormais se flatter de se préserver pur des souillures du monde, au milieu des épreuves de toute nature qui nous assaillent, lorsque Adam et Eve, dans la plus heureuse condition, ont succombé à la tentation? La victoire de Jésus, au contraire, nous enseigne que nul ne pourra trouver une excuse de son péché, dans la violence des tentations, puisque Jésus a été fidèle au désert, en Gethsémané. Il peut secourir ceux qui sont tentés, ayant été semblable à nous *en toutes choses* sans péché (Heb. II, 18-IV, 15).

Nous trouvons enfin dans les châtiments infligés à nos premiers parents, une preuve de plus que leur péché n'avait rien d'insolite, qu'il était même inévitable, vu leur état spirituel. Ce sont des châtiments exclusivement terrestres, temporaires, et qui seront sanctifiés pour le bien de l'humanité toute entière. Le serpent doit ramper et se nourrir de la poussière; l'homme doit travailler et arracher son pain à la terre, à la sueur de son front; la femme doit enfanter avec douleur et être subordonnée à son mari. Ces diverses épreuves cessent de fait lorsque l'homme quitte la terre, elles ne peuvent l'empêcher d'être heureux, car plus nous devenons spirituels, plus nous nous élevons au-dessus de ces misères inhérentes à la nature humaine. Le péché a des conséquences toutes spirituelles et autrement terribles. Quand l'humanité s'est révoltée dans les lieux invisibles, son châtiment a été au-dessus de toute conception. « Le salaire du péché, c'est *la mort !* » Quand il renouvelle son péché dans un corps, c'est ce corps qui devient mortel et auquel est infligé, avec la mort, ce long cortége de maladies et de douleurs. La sentence prononcée contre le serpent rend cette vérité tangible : ici l'instrument du

péché encourt une condamnation qui doit se transmettre
à toute la race des reptiles.

3° « Si nous avions eu une existence de plusieurs siècles antérieure à celle-ci, comment n'en aurions-nous
conservé aucun souvenir ? »

Nous savons combien des esprits légers se sont donné
libre carrière à ce sujet, combien certains partisans
même de la préexistence ont prêté le flanc à la raillerie
par leurs arguments fantaisistes, cependant nous avons
une réponse péremptoire à cette objection, mais elle
demande quelques développements.

Si l'existence antérieure des hommes est contestée,
il est cependant un Etre dont on ne peut révoquer en
doute la préexistence : c'est le Verbe. En étudiant avec
attention tous les phénomènes relatifs à l'incarnation de
Jésus, nous comprendrons beaucoup mieux ce qui est
obscur dans notre propre expérience. Le Sauveur s'est
« anéanti, » il est devenu le *Germe* de l'Eternel, il s'est
fait *pauvre* — et de quelle pauvreté ! — en s'incarnant
dans le sein de Marie. Aussi la Parole nous apprend-elle
qu'il « croissait en sagesse, en stature et en grâce devant
Dieu et devant les hommes. » Il a dû suivre la loi de
développement qui régit toute l'humanité. Il a eu besoin
d'apprendre les choses les plus simples de la vie : il a
appris à lire. On peut se figurer Jésus épelant dans le
livre de la Loi, comme le jeune Timothée, sous les soins
de Loïs et d'Eunice. Penché sur les Livres Saints, sans
en comprendre la profondeur, sa mère l'a instruit avec
amour et son cœur droit lui rendait facile l'intelligence des vérités divines qu'il avait lui-même révélées
aux écrivains inspirés. Jésus est demeuré, près de trente
ans, sans avoir conscience, ni de sa divinité, ni de la
mission extraordinaire qu'il était venu accomplir sur la
terre. Il aimait les hommes, il priait pour eux, il glori-

fluit le nom de Dieu en toute manière, mais il ignorait qu'il fût le Fils unique de Dieu, envoyé pour être le Sauveur des hommes. A douze ans, nous le trouvons dans le temple, interrogeant les docteurs, puis les étonnant par ses réponses. Saisi par l'Esprit, il répond à sa mère: « Pourquoi me cherchez-vous, ne savez-vous pas qu'il me faut être occupé des affaires de mon Père. » Et en dehors de ces influences puissantes, il « était soumis à ses parents » et vécut à Nazareth comme charpentier dans une obscurité complète. Pendant les trente premières années de sa vie, nous n'avons aucun détail sur Jésus, rien de saillant ne le distingua des autres hommes.

Peu à peu la foi à sa mission divine se forme dans son cœur, l'Esprit saint lui applique les prophéties qu'il avait dictées lui-même aux « saints hommes. » Cette conviction devient chaque jour plus claire et lorsque cette foi est parvenue à sa maturité, il quitte le lieu où s'est écoulée sa jeunesse et vient vers Jean-Baptiste. L'Esprit descend sur lui, la voix se fait entendre du ciel; « C'est ici mon Fils bien-aimé; » depuis ce moment, il a pleine conscience de sa mission et il est revêtu de l'esprit pour l'accomplir parfaitement. Alors, il peut s'appliquer ces paroles d'Esaïe LXI, 1 : « L'Esprit du Seigneur est sur moi, c'est pourquoi il m'a oint pour évangéliser aux débonnaires, pour annoncer l'Evangile aux pauvres. » L'esprit de sagesse, de science, de force, de conseil, de prudence... repose désormais sur lui. Et encore pour les circonstances extérieures, il a besoin parfois d'une révélation directe pour agir : « Montez à Jérusalem, pour moi je n'y monte point encore, *mon heure n'est pas venue;* n'y a-t-il pas douze heures au jour, si quelqu'un marche de jour, il voit la lumière. » — Il ignore des choses qu'il a connues avant son incarnation; « Quant au jour du jugement personne ne le sait, ni les anges, ni même le

Fils de l'homme. » L'avenir lui est tour à tour caché et
dévoilé : « Il savait dès le commencement quel était celui
qui devait le trahir » et il dit cependant à Judas comme
aux autres disciples. « Réjouissez-vous de ce que vos
noms sont écrits dans les cieux » (1).

Or Jésus a été semblable à nous en *toutes choses* sans
péché. Comme lui, nous sommes devenus *germes* en
entrant dans ce monde; notre ignorance, notre oubli du
passé ne prouve donc pas plus contre notre préexistence
que l'expérience de Jésus ne prouve contre celle du
Verbe devenu chair. Inutile de multiplier les rappro-
chements.

Mais encore cet oubli est-il réellement aussi absolu
que l'on se plait à le dire? Un poète, Lamartine a dit :

L'homme est un Dieu tombé qui se souvient des cieux !

Et Pascal : « Le désir que nous avons du bonheur,
prouve que nous l'avons déjà connu. » N'y a-t-il rien de
vrai dans cette pensée dont on a malheureusement trop
abusé? Nous n'insisterons pas non plus sur les idées
innées, sur ces notions d'une sainteté, d'une justice dont
chacun porte en soi l'idéal, car il nous répugne d'avoir
recours à des arguments dont la valeur dépend trop souvent de l'habileté de celui qui les développe. Nous avons
voulu montrer seulement combien cette objection de la
réminiscence a peu de poids, puisqu'on pourrait invoquer
contre elle des impressions, des notions innées, comme
preuves d'une vie antérieure.

D'ailleurs cette doctrine serait-elle réduite aux pro-
portions d'une simple hypothèse, qu'elle mériterait en-

. (1) Math. iii, 17. Luc iv, 18. Jean vii, 8. Marc xiii, 32. Jean xii, 11.
Luc x, 20.

coro, dès aujourd'hui, droit de bourgeoisie au sein de l'Eglise chrétienne. Car, puisqu'il est impossible de soutenir devant la Bible et devant la raison, le dogme du créatianisme, tel qu'il a été professé jusqu'à ce jour, — et nous l'avons suffisamment démontré, — il nous semble qu'il est de toute justice d'accueillir, sans préjugé, une hypothèse nouvelle, de la soumettre à une examen approfondi, et, si l'on constate qu'elle est rationnelle, qu'elle rend compte de tous les faits connus, qu'elle ne soulève aucune grave objection, elle doit être admise comme une vérité jusqu'à ce qu'il se présente un fait nouveau dont elle soit incapable de donner une explication satisfaisante.

Mais rassurons-nous : cette doctrine est surtout conforme aux enseignements de la Parole de Dieu. Un mot d'explication, et nous abordons ces preuves directes.

XI

Il en est des vérités révélées comme des richesses que le Créateur a confiées à la terre avec libéralité pour l'usage des hommes. L'on trouve en tous lieux, répandues à la surface du sol, et comme sous la main, celles qui sont indispensables aux besoins de l'humanité. Celles que la terre recèle dans ses entrailles, à divers degrés de profondeur, sont en général des trésors auxquels les hommes attachent un grand prix en raison de leur rareté et des difficultés à vaincre pour les mettre en lumière ; mais ce sont souvent les biens les moins

utiles, ceux du moins qui ne sont pas indispensables.
Ainsi la Bible présente au premier plan, met en relief,
ces vérités capitales que nul ne doit ignorer, comme la
gratuité du salut, la vie à venir, la promesse du Saint-
Esprit. Celles-là sont écrites à chaque page, en termes
explicites, reproduites sous toutes les formes; elles
constituent le tissu de la Révélation, au point qu'on ne
pourrait les supprimer sans anéantir la Bible. D'autres,
au contraire, moins nécessaires au salut de l'homme,
échappent aux esprits superficiels: une demi-obscurité
les enveloppe, parfois un seul passage suffit pour en
constater la présence : la préexistence des âmes est de
ce nombre. Mais dès qu'elles nous sont signalées, on
les suit à la trace dans toute la Bible, on les sent courir
sous une foule de textes, elles projettent même parfois
une vive lumière sur d'autres vérités, et à mesure que
l'on fouille dans les profondeurs de la Parole de Dieu,
on y découvre des richesses nouvelles dont on n'avait
pas même soupçonné l'existence. Le secret de l'Eternel n'est dévoilé qu'à ceux qui le craignent, il le leur
révèle par son Esprit, car « l'Esprit sonde toutes choses,
même ce qu'il y a de plus profond en Dieu. » (1 Cor,
II, 10).

Nos adversaires auraient mauvaise grâce à nous con-
tester ces conclusions, puisque dans certaines circonstances, ils vont infiniment au-delà. Ils acceptent souvent comme scripturaires — et parfois avec raison — des doctrines
conformes à l'analogie de la foi, bien qu'elles ne s'ap-
puient sur aucun passage positif. Ainsi, par exemple, le
baptême des enfants, question si vivement controversée
de nos jours, et qui n'a pu encore être définitivement
tranchée dans le sens de l'affirmative, parce qu'au lieu
de présenter, ne serait-ce qu'un texte clair, décisif, les
pédobaptistes en sont réduits à invoquer des analogies,

ou à s'appuyer sur le terrain mouvant de la tradition. (1)
Ainsi, encore le salut des petits enfants que l'on s'accorde
généralement à regarder comme à l'abri de toute critique lorsque, de l'aveu même de ses fervents partisans,
on ne peut l'étayer d'aucune déclaration biblique. Ainsi
enfin la supériorité des anges sur l'homme qui, loin
d'avoir pour elle la sanction de la Parole de Dieu, est
au contrait démentie de la manière la plus formelle.
« Les anges sont des esprits destinés à servir et sont
envoyés pour exercer leur ministère en faveur de ceux
qui doivent obtenir l'héritage du salut. » (Héb. i. 14)
« Nous jugerons les anges. » (1 Cor vi. 3.)

Ces réserves faites, ouvrons la Parole de Dieu. Nous
découvrons dans l'Ancien Testament des traces assez
distinctes de cette doctrine. La parole des prophètes
n'étant qu'une « lampe qui éclaire dans un lieu obscur, »
(2 Pierre i. 29), il ne faut pas nous attendre à trouver ici
des lignes nettes, des couleurs tranchées ; il faudra se
contenter de contours vagues et indécis, comme en un
crépuscule où tous les objets sont confus.

1° En suivant l'ordre chronologique (2), le premier pas-

---

(1) On peut consulter avec fruit, sur cette question : *Le Baptême
des enfants en face de l'histoire et de la Bible.* Pozzy 1856.

(2) On croit généralement que le livre de Job fut composé par
Moïse, pendant son séjour chez les Madianites, environ 1520 ans
avant Jésus Christ. Selon toute apparence, Job était de la postérité
de Nachor, frère d'Abraham, dont le premier né fut Hûts. Le culte
du vrai Dieu s'était conservé dans cette famille, car Dieu est appelé, non seulement le Dieu d'Abraham, mais aussi le Dieu de
Nachor (Gen. xxxi. 53) Job vivait évidemment avant l'institution
des sacrifices lévitiques, alors que Dieu était connu sous le nom
de « El-shadaï : » Dieu tout puissant, plutôt que sous le nom de
Jéhovah, car cette appellation de « El-shadaï » revient plus de
trente fois dans ce livre. Ensuite, comme il ne renferme aucune

sage où nous rencontrons la préexistence, c'est Job
xxxviii, 4-7. « Où étais-tu quand je fondais la terre, quand
les étoiles du matin poussaient ensemble des cris de joie
et que les *enfants de Dieu* chantaient en triomphe? » Nous
savons bien que plusieurs commentateurs appliquent aux
anges, la dénomination *d'enfants de Dieu*; mais y aurait-
il de la témérité à l'appliquer aux hommes, lorsque sur
cinq passages qui contiennent cette expression dans l'An-
cien-Testament : — Job i. 6. ii. 1. Génèse vi. 2. Deut. xiv. 1.
— il en est au moins deux où cette appellation ne peut
s'appliquer qu'aux hommes; et, sur quinze fois qu'on la
trouve dans le Nouveau-Testament, le contexte ne permet aucune autre interprétation. Les anges n'ont même
jamais été appelés *Fils*, tandis que ce beau nom a été
souvent donné aux hommes. (Voyez 1 Chr. xxii, 10. —
Osée xi. 1. Esaïe xliii. 6. Jér. xiii. 19, etc.)

2° Nous trouvons un texte plus positif dans Prov. viii.
22-32 : « L'Eternel m'a possédée dès le commencement de
ses voies.... J'ai été engendrée (la Sagesse) avant que
les montagnes fussent assises.... Quand il compassait les
fondements de la terre, j'étais auprès de lui son nourris-
son, j'étais ses délices de tous les jours.... je me plaisais
dans le monde, sa terre, et mes plaisirs étaient avec les
enfants des hommes.

Nous l'avouerons, avant d'avoir accepté la préexistence, nous n'avons jamais pu nous rendre compte de
ce passage; il était pour nous d'une obscurité désespé-

allusion à la sortie d'Egypte, on peut en inférer qu'il a été écrit
avant ce grand événement. Enfin la grande longévité de Job fournit une nouvelle preuve de l'antiquité de ce poème, car dans la
suite, on ne trouve plus d'exemple d'une vie prolongée jusqu'à 200
ans. (J. Benson, *Commentaire sur l'Ancien et sur le Nouveau-Testament.* Introduction au livre de Job.)

rante et les divers commentaires que nous avions con-
sultés, n'avaient pu dissiper ces ténèbres. La préexistence admise, nous l'avons trouvé d'une clarté admirable. La préexistence du Verbe est liée ici à notre
propre préexistence. Quand Dieu compassait les fondements de la terre, le Verbe existait et alors même il se
réjouissait avec les enfants des hommes qui avaient, eux
aussi, été appelés à l'existence. Rien d'obscur, rien de
forcé dans cette exégèse.

Quelques théologiens ont soutenu que ces paroles :
« mes plaisirs étaient avec les enfants des hommes, »
n'avaient aucune corrélation avec celles qui précèdent ;
ils les appliquent aux enfants de Seth en qui, dès l'origine
du monde, l'Eternel prenait son plaisir. Cette interprétation est inadmissible, si l'on examine le contexte. D'ailleurs cette qualification *d'enfants des hommes* ne peut s'appliquer à la postérité de Seth, puisque la Bible la désigne
sous le nom « d'enfants de Dieu, » par opposition aux descendants de Caïn qu'elle nomme « enfants des hommes. »
Ce serait donc, d'après ces théologiens, avec la postérité
de Caïn que Jésus aurait pris son plaisir.

3° Jérémie est encore plus explicite : « L'Eternel me dit :
Avant que je t'eusse formé dans le sein de ta mère, je
t'avais connu ; avant que tu fusses sorti de son sein, je
t'avais consacré et je t'avais établi prophète parmi les
nations. » (Jér. i, 5.) Nous n'ignorons pas qu'on trouve
un sens à ce passage en invoquant la prescience divine,
voire même la prédestination. Jérémie — dit-on — existait dans la pensée de Dieu, avant même d'avoir été tiré
du néant ; il avait été choisi pour cette mission prophé-
tique avant d'avoir été conçu dans le sein de sa mère.
A la rigueur, rien ne s'oppose à cette interprétation.
Mais outre qu'elle est un peu trop subtile et qu'il paraît
difficile qu'on puisse choisir une vocation pour des êtres

qui n'existent nulle part, nous préférons nous en tenir simplement à la préexistence. Avec elle point d'abstractions, on se trouve en face de vivantes réalités. Dieu pouvait « choisir, préparer, consacrer, établir » Jérémie prophète, avant même de l'appeler à commencer sa carrière terrestre, car il existait déjà depuis des siècles innombrables. Ici, rien de forcé, on se sent sur un terrain ferme, celui de la vérité.

Passons au Nouveau-Testament : nous trouvons un texte décisif, irréfutable.

4° Jean ix 1-3. « Comme Jésus passait, il vit un homme aveugle dès sa naissance. Et ses disciples lui dirent : « Maître qui a péché ? Celui-ci ou son père ou sa mère qu'il soit ainsi né aveugle ? Jésus lui répondit : Ce n'est point que celui-ci ait péché ou son père ou sa mère, mais c'est afin que les œuvres de Dieu soient manifestées en lui. » Evidemment la préexistence était une croyance populaire chez les Juifs. Les disciples demandent au Maître si la cécité de cet infortuné est la conséquence d'un péché commis par lui, avant sa naissance, ou d'une faute de ses parents. Cette seule question ne se concevrait pas sans la foi à la préexistence. Et si cette doctrine était une erreur, Jésus n'aurait par manqué d'éclairer ses disciples et de leur enseigner la vérité sur ce point. Il ne négligeait aucune occasion de les instruire et parfois même il les reprenait avec sévérité : « Gens sans intelligence et d'un cœur tardif à croire tout ce que les prophètes ont dit. » (Luc xxiv. 25.) Le silence de Jésus est donc l'argument le plus puissant en faveur de la préexistence. Mais le Seigneur ne s'est pas borné à cette approbation tacite, il l'a enseignée directement lui-même dans une de ses plus admirables paraboles.

5° Luc xvi. En effet, dans la parabole de l'Enfant prodigue, il s'agit d'une demeure primitive — d'une ré-

volte—d'une période d'épreuves loin du foyer paternel—
et d'un retour vers un père offensé.

Or, comment concilier cette parabole avec la théorie
traditionnelle sur l'origine de l'âme et le dogme de l'imputation ? Si l'homme vient au monde pécheur, il n'a
jamais connu l'innocence, il n'a jamais séjourné dans la
maison de son Père, et n'a par conséquent jamais pu
l'abandonner. Quoique dans une parabole, on ne doive
pas s'attendre à un enchaînement rigoureux, ce trait est
trop caractéristique pour qu'il ne repose sur aucune base.
Si la révolte du fils, si son départ d'auprès de son Père
est supprimé, la parabole n'a plus la même portée, car ce
qui aggrave surtout la faute de l'enfant prodigue, c'est
d'avoir quitté la maison paternelle. Ce fils ingrat vient
d'être comblé de toutes sortes de dons — il a reçu tous les
biens qui devaient lui échoir. Il part riche, plein de santé, il s'en va dans un pays lointain et y dissipe follement
toutes ses richesses. Devenu malheureux, et réduit à la
misère, il rentre en lui-même. Le *souvenir* de son père,
de son bonheur perdu, de l'amour dont il était l'objet
le détermine à retourner vers Celui qu'il a si gravement
offensé. Cette demeure fortunée où il a laissé tant de priviléges, n'est-ce pas l'image du ciel ? Et ce souvenir qui
l'assiége n'est-ce pas une preuve qu'il a connu ce bonheur que sa révolte lui a ravi ? Cette joie de toute la
famille lorsque le fils revient, n'est-ce pas celle que Jésus
nous dépeint dans ces paroles : « Il y a de la joie au ciel
pour un pécheur qui s'amende. » Supprimez la préexistence et cette parabole n'a plus la même saveur, l'unité
en est détruite, il ne reste plus que de lambeaux épars.
C'est un chef-d'œuvre épique dont on aurait arraché les
plus belles pages, celles qui en feraient ressortir le plan
admirable, et apprécier toute la beauté. Avec la préexistence elle reprend une harmonie touchante, la vie y

circule, c'est un drame complet et le drame le plus
émouvant qui puisse se concevoir. C'est l'histoire de
l'âme humaine, de sa grandeur primitive, de sa chute, de
son relèvement ; rien de plus saisissant, de plus profond. Plût à Dieu que chaque créature vivante fût en
tout point le héros de cette épopée divine !

6° Rom. v. Enfin ce chapitre que l'on cite en faveur de
l'imputation est au contraire un des plus concluants en
faveur de la préexistence; on voit parfois les objections
transformées en preuves. Nous nous bornerons à para-
phraser ce chapitre en commençant au verset 6°.

« Lorsque nous étions sans force, Christ est mort en
son temps pour nous, méchants ; or à peine arrive-t-il
qu'on veuille mourir pour un homme de bien » — « cependant il pourrait se faire que quelqu'un se résolut à mourir pour un homme de bien » — car Dieu peut nous rendre capables d'aimer les hommes de bien au point de
mourir pour eux — Quant à Dieu, son amour a été infiniment au delà ; » il l'a fait éclater en ce que lorsque nous
n'étions que pécheurs, Christ est mort pour nous. » — La
mort du Sauveur nous est sans cesse présentée comme
postérieure à notre rébellion. Nous existions tous, nous
avions tous péché, quand Jésus s'est livré à notre place.
La préexistence seule peut rendre compte de ce fait. —
« Etant donc justifiés par son sang » lorsque nous étions
rebelles — « à plus forte raison, maintenant que nous
nous sommes humiliés « serons-nous garantis par lui de
la colère. Car si lorsque nous étions ennemis, nous avons
été réconciliés avec lui par la mort de son Fils — grâce
prévenante répandue gratuitement sur tous les hommes — combien plutôt étant déjà réconciliés — (nous
n'aurions jamais pu aimer Dieu s'il ne nous eût aimés le
premier) — serons-nous sauvés par sa vie ! Non seulement cela, mais nous nous glorifions en Dieu par Jésus-

Christ notre Seigneur par lequel nous avons obtenu cette
réconciliation, et nous attendons de lui de plus précieuses bénédictions que celles qu'il nous a accordées.

« C'est pourquoi comme par un seul homme, le péché
est entré dans le monde et par le péché, la mort — corporelle — il est évident que si « la mort est passée sur tous
les hommes, » c'est parce que tous ont péché » — avant
d'avoir un corps, puisqu'en entrant dans cette vie, ils
participent au châtiment d'Adam, preuve qu'ils ont par-
ticipé à sa chute. La loi commune à laquelle tous les hommes sont soumis sans exception montre que tous aussi
sans exception ont péché dans une existence antérieure
puisqu'il est des enfants qui meurent avant leur naissance. » Car jusqu'à la loi « donnée à nos premiers parents, en
Eden, (1) « le péché a été dans le monde, » il se trouvait
à l'état latent dans leur cœur et s'il en fallait une preuve,
nous la trouverions dans cette parole de Paul (I Tim I, 9)
« Ce n'est pas pour le juste que la loi a été établie, mais
pour les méchants. » Si donc la loi a été donnée à Adam
et à Eve, c'est que le mal était déjà en eux lorsqu'ils
furent placés en Eden, et s'ils ont vécu quelque temps
dans l'innocence, c'est que le péché n'est point imputé
quand il n'y a point de loi. Mais la mort a régné depuis

---

(1) La défense faite en Eden, à nos premiers parents, peut et doit
être considérée comme une *loi*; elle en possède tous les caractères. Elle est obligatoire au même titre que la loi gravée par le
doigt de Dieu, sur les tables du Sinaï. Si elle diffère du décalogue
quant à la forme, l'objet ou l'étendue, elle n'en est pas moins
revêtue de la même autorité, de la même sanction. Ces deux lois,
l'une écrite, l'autre verbale, tendent au même but : révéler à
l'homme son état de péché, le convaincre de son impuissance et
l'amener humilié et repentant aux pieds de son Créateur. Ce fait
suffirait à lui seul pour établir leur parfaite similitude : « la loi
donne la connaissance du péché. » Rom. III. 20.

Adam jusqu'à Moïse — le législateur du Sinaï — « même sur ceux qui n'avaient point péché par une transgression semblable à celle d'Adam « — c'est-à-dire qui n'avaient point violé une loi positive comme lui ; preuve de plus que les hommes avaient péché dans une vie antérieure puisque sur la terre, même avant la loi écrite, ils ont subi la peine d'un péché différent de celui de nos premiers parents.

L'analogie entre les conséquences du péché d'Adam et du sacrifice de Jésus, parfaite en un sens, c'est-à-dire si l'on entend par la *mort* celle du corps et par la *vie* la grâce prévenante, n'est au contraire qu'un contraste dans un sens plus profond, comme nous allons en voir un exemple sensible. « Il n'en est pas du don comme du péché ; » le don s'étend bien à *tous* les hommes, mais Jésus par sa mort nous délivre de plusieurs péchés et nous procure la vie de l'âme, tandis qu'Adam nous a légué seulement la mort du corps. Ce contraste indiqué, l'apôtre revient à sa comparaison favorite : il avait seulement ouvert une parenthèse.

Et il est si clair que l'apôtre ne veut faire qu'un rapprochement, que les termes qu'il emploie ne sont vrais que pris dans ce sens. « Comme donc c'est par un seul homme que la condamnation est venue sur *tous* les hommes, de même, c'est par une seule justice que *tous* les hommes recevront la justification qui donne la vie. » — Or comme *tous* les hommes ne seront pas finalement justifiés, il s'en suit que la condamnation éternelle n'est pas non plus venue sur *tous* les hommes par le péché d'un seul : ces deux faits sont toujours en corrélation directe. » Comme par la désobéissance d'un seul *plusieurs* sont constitués pécheurs — où est ici l'universalité de l'imputation ? — « ainsi par l'obéissance d'un seul *plusieurs* seront rendus justes. » Il en est de la justice de Christ

comme de la faute d'Adam ; l'une et l'autre nous sont
imputées au même titre. Il en est qui ne sont pas constitués pécheurs par la faute d'Adam, comme il en est
d'autres qui ne seront pas constitués justes par la justice
de Christ. Les âmes « remplies du Saint-Esprit » comme
Jean-Baptiste, dès le sein de leur mère naissent péche-
resses, mais humiliées. Elles ne manifestent jamais sur
la terre des dispositions à la résistance, à l'élévation,
elles « marchent avec Dieu comme Enoch et Dieu les
prend ensuite avec lui. » (Genèse v. 24.) (1)

Il est quelques exemples, dans la Bible bien propres
à nous faire comprendre dans quel sens nous sommes
constitués pécheurs par la chute d'Adam. (1 Chr. XXI)
David ordonna un dénombrement du peuple d'Israël.
Cette action déplut au Seigneur qui lui dit par Nathan :
Choisis ou la famine pour trois ans, ou la guerre pendant
trois mois, ou une mortalité de trois jours. David
angoissé, préfère tomber entre les mains de Dieu, dont
il connaît les compassions infinies et soixante-dix mille
hommes furent frappés par l'ange exterminateur. Est-il
juste que ces malheureux périssent à cause du péché de
leur roi ? Nullement, mais ces guerriers qui ont été
retranchés, étaient coupables au même degré que David,

(1) M. Reuss, à l'occasion de Rom. v, s'exprime ainsi : « Il n'est
pas ici question d'une imputation du péché d'Adam, dans le sens
absolu de la formule scolastique, car il faudrait dans ce cas parler
également d'une imputation du mérite de Christ indépendante de
toute condition... Ce qui est imputé, ce n'est pas le péché, mais
la peine du péché, la mort ; ce n'est pas le mérite, mais l'effet du
mérite, la vie. La première était donnée à ceux qui entrent en
communauté de vie avec Adam, c'est-à-dire en péchant comme lui ;
la seconde est donnée à ceux qui entrent en communauté de vie
avec Christ, c'est-à-dire qui sont justes par la foi. » (*Théologie
chrétienne au siècle apostolique*, T II, p. 119-120).

et ils sont « constitués pécheurs. » Assurément David, en les voyant tomber, s'humilia, comme Aaron, à l'aspect de la lèpre de sa sœur, comprenant qu'il avait mérité le même châtiment. Voyez encore Josué VII, 24.

7° Il est en outre une foule de passages auxquels cette doctrine prête une clarté nouvelle. Ainsi par exemple tous ceux où la vie nous est présentée comme un voyage, un exil, et la mort comme un retour dans notre patrie. « Tous ceux-là sont morts dans la foi... ayant fait profession d'être étrangers et voyageurs sur la terre, car ceux qui parlent ainsi montrent clairement qu'ils cherchent leur patrie, — non la terrestre — mais ils en désiraient une meilleure — la céleste. C'est pourquoi, Dieu n'a point honte de les appeler ses frères, car il leur a préparé une cité » (Héb. I. 11) « Bien aimés, je vous exhorte comme des étrangers et des voyageurs à vous abstenir des convoitises charnelles qui font la guerre à l'âme » (1 Pier. II, 11). — « Pour nous, nous nous conduisons comme bourgeois des cieux d'où nous attendons le Sauveur. » (Phil. III, 20).

Que cette pensée est consolante, combien elle est propre à soutenir dans l'épreuve ! Nous sommes dans un désert ; l'homme est né pour être agité comme l'étincelle pour voler (Job. V, 7) ; ne soyons donc pas surpris de rencontrer des jours amers comme s'il nous arrivait quelque chose d'extraordinaire ; c'est pour cela que nous avons été placés dans ce monde. Le Seigneur est assis pour purifier les fils de Lévi ; notre foi sera éprouvée par le feu puisqu'elle est plus précieuse que l'or qui cependant est soumis au creuset. La douleur n'est plus une énigme, elle devient la loi universelle. Nous sommes tous en route, nous dirigeant vers la patrie que nous avons quittée, il y a quelques années ; sachons donc tout supporter avec patience ; bientôt nous serons ren-

trés au foyer paternel et si nous nous sommes réellement fidèles, nous oublierons, dans les bras du plus
tendre des Pères, toutes les larmes que nous aurons
répandues durant cette courte séparation.

XII

D'ailleurs la préexistence résout admirablement tous
ces problèmes que l'hypothèse traditionnelle est impuis-
sante à résoudre et ne fait qu'obscurcir d'avantage, tels
que le péché originel, la prédestination, le salut des
païens, etc., etc. Elle en donne une explication simple,
naturelle, parfaitement en harmonie avec la Bible et les
attributs divins. Il sera inutile d'entrer dans de grands
développements; chacun pourrait déduire ces preuves
de tout ce que nous avons déjà dit pendant l'exposition
de cette doctrine. Nous ajouterons seulement quelques
réflexions avant de terminer cette étude.

1º Le *péché originel.* Loin de nous ce dogme de l'imputation que la conscience réprouve et que la Bible
condamne! Nous ne naissons nullement pécheurs parce
qu'Adam a péché, il serait plus vrai de dire qu'Adam a
péché parce que nous sommes tous pécheurs. Le péché
n'est plus un legs funeste, c'est un acte libre dont
chacun est responsable et dont chacun subira les conséquences, l'enfant comme l'homme fait, car il a été
accompli par chacun dans le plein exercice de ses facultés. Nous nous sommes révoltés contre Dieu avec
connaissance de cause, et en entrant dans ce monde

nous y apportons les mauvaises dispositions que notre résistance a créées et développées en nous. Nous sommes par nature ici-bas plus ou moins dociles aux appels du Saint-Esprit, selon que nous avons donné plus ou moins d'accès à son action divine, pendant notre existence antérieure. Les hommes naissent tous égaux quant au péché, car tous se sont élevés contre Dieu, mais ils ne sont pas tous égaux quant à l'intensité de la corruption. Et cette anomalie qui demeure une énigme indéchiffrable pour nos adversaires, trouve son explication toute naturelle dans la préexistence.

2° Les *souffrances* et la *mort* des jeunes enfants ne sont plus incompréhensibles: c'est une conséquence de leur propre péché. » Pourquoi l'homme vivant murmurait-il, l'homme qui souffre pour son péché? » (Lament. iii. 39.) La justice de Dieu l'exige ainsi que son amour, car cette épreuve est un moyen que Dieu emploie pour le bien de l'enfant. Sa mort est un fait naturel, car puisque nous pouvons connaître par les actions d'un jeune enfant si sa conduite sera pure et droite (Prov. xx, 11,) à plus forte raison, Dieu qui connaît toutes choses puisqu'il a sous les yeux le passé, le présent et l'avenir, peut-il voir dans le germe, l'arbre et son fruit. Son salut est lié à son passé, il sera sauvé s'il s'est déjà humilié, si son cœur s'est « soumis au Père des esprits pour avoir la vie. » Si au contraire, il a foulé aux pieds l'amour de Jésus et s'est endurci dans sa résistance de manière à « commettre le péché qui va à la mort, » (Jean v. 16) Dieu qui voit tout, sait que, sa vie serait-elle prolongée indéfiniment, il ne viendrait point à la repentance pour être sauvé. Et au jour des rétributions, parmi ceux qui n'ont fait que traverser la vie, les uns lui rendront grâces de leur salut et le béniront de leur avoir épargné les amertumes de la vie. Les autres auront la bouche fermée, reconnaissant que leur cœur endurci eût rendu inutiles tous les moyens que Dieu aurait pu employer pendant des années sans nombre.

3° Quant au *salut des enfants*, nous ne pouvons rien affirmer de plus, car les caractères auxquels nous pouvons reconnaître les enfants de Dieu, nous font ici complètement défaut. Nous sommes cependant en repos à ce sujet. Nous savons que notre Dieu est « un Père juste. » Ceux qui tranchent la question d'une manière absolue sont dans une grave erreur. Notre devoir est de prier pour ces jeunes êtres, même avant leur naissance, sachant que l'Esprit peut trouver accès en eux comme en Jean-Baptiste, même dans le sein de leur mère. Quel mystère consolant! Au lieu de nous agiter vainement au sujet du salut de ces frêles créatures, examinons si nous avons le témoignage d'avoir combattu pour leur salut : c'est là ce qui nous importe le plus. Tout ce que nous pouvons affirmer, c'est que Dieu ne retranche personne de ce monde sans qu'il soit arrivé au plein développement auquel il peut parvenir soit en bien, soit en mal. « Les méchants, dit le Psalmiste, se sont égarés dès leur naissance, ils se sont égarés dès le sein de leur mère » (Ps. LVIII. 4) Passage bien décisif; si Dieu laisse vivre les méchants « jusqu'à cent ans » c'est pour les faire manifester ouvertement. S'il les retranche dès leur enfance, c'est que dans sa prescience, il voit qu'ils ne laisseraient pas agir l'Esprit de Dieu en eux d'une manière efficace. Ceux qui sont retranchés, en état de grâce, ne perdent aucun privilège : ils ont atteint tout leur développement spirituel; aussi à la fin recevront-ils leur denier comme ceux qui auront « supporté la fatigue et la chaleur du jour » (Math. XX. 12).

3° Le *salut des païens* s'explique d'une manière analogue. Dieu leur a donné à tous des moyens suffisants de le connaître et la Parole déclare d'une manière bien claire que leur salut est possible. La privation de la lettre de l'Evangile n'est pas un obstacle : Dieu ne leur demandera compte que des talents qu'il leur a confiés. Son Esprit parcourt toute la terre, pour appeler les hommes au salut et une preuve que ces moyens suffisent pour s'avancer bien loin dans la voie de la pureté, c'est l'expérience du Centenier, de la Cananéenne, de Corneille, de l'eunuque Ethiopien, auxquels la Parole rend un si éclatant témoignage. « Je n'ai pas trouvé une si grande foi, pas même en Israël. » Lorsque Paul arriva à Corinthe pour la première fois, Dieu lui dit : « J'ai un grand peuple dans cette ville ; » et cependant ce peuple que Dieu voyait, était encore plongé dans l'idolâtrie. Les païens sont privés, nous ne le nierons pas, d'un grand privilège ; les prérogatives des Juifs ou des chrétiens « sont grandes en ce que les oracles leur ont été confiés, » mais ces moyens précieux ne sauvent pas infailliblement, pas plus que les miracles. Que d'hommes, vivant au sein de la lumière évangélique, s'obstinent à lutter contre les appels du Seigneur et meurent dans leur incrédulité ! Que de villes en Judée, témoins des nombreux miracles du Seigneur, ne se sont point amendées ! Il faut plus que les moyens de grâce, plus que la saine connaissance de la vérité pour saisir le salut gratuit, il faut « un cœur honnête et bon » et ce cœur-là c'est l'Esprit qui le produit partout où il trouve un libre accès. On peut dire que le privilège dont les païens sont privés n'est pas indispensable ; ce qui est indispensable au salut leur est accordé aussi bien qu'à nous. Dieu aime tous les hommes et leur a préparé à tous un salut éternel. (Luc vii, 0. — Act. xviii, 10. — Rom. iii, 2.)

4° La *prédestination* elle-même est une doctrine biblique ; nous n'en avons jamais douté, car le mot et la chose se trouvent dans la Parole de Dieu. Mais on l'a tellement défigurée qu'on l'a rendue méconnaissable au point d'en faire une doctrine impie. « Ceux que Dieu avait auparavant connus, il les a aussi prédestinés à être conformes à l'image de son Fils, et ceux qu'il a prédestinés, il les a aussi appelés… justifiés… glorifiés. » (Rom. viii, 30). Ces paroles paraissent décisives, mais c'est ici que la préexistence triomphe. Dieu n'a prédestiné aucun homme à la vie ou à la mort éternelle, avant de l'avoir appelé à l'existence, comme le croient les Calvinistes, mais c'est après nous avoir connus, depuis des siècles, après avoir constaté, par l'état de notre cœur qui est « la source de la vie » quelle sera notre vie toute entière — ou pour parler comme Paul — « c'est après nous avoir auparavant connus, » qu'il nous a prédestinés. Rien de plus conforme à la justice et à l'amour qu'une telle prédestination. Ainsi comprise, elle ne supprime ni ne limite la liberté de l'homme ; les appels que le Seigneur adresse à tous ne sont un leurre pour personne, il a le droit de dire qu'il ne veut point la mort des pécheurs. Il les a appelés dès avant cette vie, les uns ont répondu, d'autres ont résisté ; les uns ont dit : « J'y vais, Seigneur, et n'y sont point allés » d'autres : « Je n'y veux point aller » et s'étant ensuite repentis, ont répondu à l'appel. Où est la prédestination arbitraire ? Nulle part. Aucun décret antérieur à notre création, aucun appel irrésistible, aucune réprobation irrévocable. Dieu nous a tous créés pour le bonheur et après notre chute, il a pourvu à la réhabilitation de tous. « C'est pour *tous* que Christ est mort ; » « l'enfer n'a été préparé que » « pour le Diable et pour ses anges. » Dieu nous invite tous au banquet divin, et si Jésus est d'une manière particulière le Sauveur de tous ceux qui s'humilient, il n'en est pas moins mort pour ceux-là mêmes qui rendent le « conseil de Dieu inutile à leur égard ». Une pareille prédestination met le cœur au large. « Tout concourt au

bien de ceux qui aiment Dieu, » qui l'ont aimé avant
leur apparition sur la terre. (Rom. VIII, 28).

Il existe pourtant un passage qui paraît renverser ce
que nous venons d'établir : nous ne pouvons le passer
sous silence. « Avant que les enfants fussent nés, et qu'ils
eussent fait ni bien ni mal, afin que ce que Dieu avait
arrêté demeurât ferme, non à cause des œuvres, mais par
la volonté de Celui qui appelle, il lui fut dit : « L'aîné sera
assujetti au plus jeune, selon qu'il est écrit : J'ai aimé Jacob et j'ai haï Esaü, » (Rom, IX, 11-18) Il s'agit ici, chacun
le sait, d'un privilége terrestre, celui d'être mis au rang
des ancêtres de Jésus-Christ, selon la chair et non du salut
de l'âme. Dans ce sens, la rejection d'Esaü n'entraînait pas
nécessairement sa condamnation éternelle. Ce passage
n'a d'ailleurs rien d'obscur.« Avant que les enfants fussent
nés et qu'ils eussent fait ni bien ni mal »—il ne peut donc
s'agir ici d'œuvres qui ont suivi la naissance des fils
d'Isaac, à moins d'admettre la préexistence comme nous.
Le décret de la prédestination—nous l'avons dit—ne s'est
jamais réglé sur aucune œuvre qui suivit l'entrée dans la
vie. Mais Dieu a eu égard, pour déterminer sa préférence,
aux dispositions intimes, aux œuvres des hommes pendant la vie antérieure à celle-ci. Cette parole devient
facile à comprendre avec la préexistence. Ainsi Dieu a
pu fort bien dire des fils de Rébecca, avant qu'ils fussent
nés : « J'ai aimé Jacob et j'ai haï Esaü. » Il les connais-
sait déjà et depuis une période assez longue pour éprouver ces divers sentiments à leur égard, et la suite a bien
confirmé ce jugement du Seigneur sur chacun d'eux. Du
reste, pourrait-on concevoir une haine de Dieu, pour une
de ses créatures avant qu'elle ait été tirée du néant, et
cependant, telle est la conclusion fatale où aboutit en
définitive la prédestination absolue.

5° *Les Réveils*. Il est à peine besoin d'indiquer comment

la préexistence explique les réveils religieux. Dieu qui connaît les âmes depuis des siècles et qui est libre de les appeler à descendre sur la terre quand et où il lui plaît, peut faire naître dans une même contrée et à une même époque un grand nombre d'âmes qui se trouvent à peu-près dans le même état spirituel. Si ce sont des âmes rebelles, orgueilleuses, alors l'Eglise traverse une période d'incrédulité et de mort; si ce sont des âmes humiliées devant l'Esprit et dociles à sa voix, alors l'Eglise voit se lever pour elle des jours bénis et glorieux. C'est par la préexistence que l'on peut se rendre compte des prophéties relatives à la conversion des Juifs au christianisme et au relèvement de l'Eglise, et ce sublime tableau d'Esaïe peut désormais s'expliquer sans avoir recours à la prédestination. « Lève-toi, sois illuminée, car la lumière est venue et la gloire de l'Eternel s'est levée sur toi... les nations marcheront à ta lumière et les rois à la splendeur de ta face... les fils viendront de loin et les filles seront portées sur les bras... tes portes ne seront fermées ni jour ni nuit, afin qu'on t'apporte les richesses des nations. Je te mettrai dans une joie qui durera de génération en génération... tu appelleras tes murailles salut et tes portes louange. Tu n'auras plus de soleil pour la lumière du jour et la lueur de la lune ne t'éclairera plus la nuit, mais l'Eternel sera pour toi une lumière et ton Dieu sera ta gloire. » (Esaïe LX, 1 à 19.)

XIII

Il est temps de nous résumer. Nous avons exposé nos motifs pour rejeter les diverses opinions qui ont surgi dans l'Eglise sur l'origine de l'âme. Celle des Stoïciens ne peut soutenir l'examen. Le traducianisme compromet la spiritualité de l'âme et soulève des objections insolubles. Le créatianisme, qui règne encore de nos jours, a été discuté sérieusement et nous croyons que malgré les noms illustres qui l'ont professé, malgré le prestige qui l'enveloppe et le recommande à la foule, il a contre lui la Bible et la vraie philosophie. Quant à la préexistence que nous avons exposée avec détails et justifiée des diverses objections qu'on formule contre elle, si nous n'avons pu convaincre tous « ceux qui sont d'une opinion contraire » (2 Tom. II, 25), du moins croyons-nous avoir établi que notre doctrine était plus rationnelle, plus biblique qu'ils ne se l'étaient peut-être imaginé.

Oui, la préexistence est une vérité : à ce titre l'avenir lui appartient. Elle peut avoir encore à lutter, car ce n'est pas chose facile que de détrôner une opinion qui a pour elle le sceau de l'antiquité, la sanction du grand nombre et le privilége d'avoir été sucée avec le lait. Cependant la victoire doit lui demeurer. Elle ne redoute pas l'examen, elle ne craint que l'indifférence. On l'a vu, elle résout bien des problèmes, concilie bien des contradictions ; fondée sur la Parole Sainte, elle est en harmonie avec les attributs de Dieu, elle satisfait la conscience chrétienne et illumine encore d'une vive clarté des profondeurs jusqu'alors insondables.

D'ailleurs, c'est une vérité sanctifiante. Elle nous humilie profondément, car elle nous montre toute l'étendue de notre misère dont nous ne pouvons accuser que nous-mêmes. Elle nous révèle l'amour inépuisable de Dieu qui nous a supportés pendant des siècles sans nombre, dans une existence antérieure, et qui nous a ménagé, avant de prononcer une sentence irrévocable, un dernier temps de répit pendant lequel Il met tout en œuvre pour nous sauver. C'est donc, dans ce court espace entre le berceau et la tombe, que se déroule le dernier acte de notre salut. Notre avenir éternel dépend désormais de notre soumission ou de notre résistance à l'Esprit de Dieu. Quelle solennelle perspective! « Rachetons le temps » et « travaillons à notre salut avec crainte et tremblement. » Que ceux qui n'ont pas fait leur paix avec Dieu « s'accordent au plus tôt avec leur partie adverse, pendant qu'ils sont en chemin avec elle », et que ceux en qui « Christ habite par la foi », s'étudient à affermir leur vocation et leur élection afin que l'entrée au royaume éternel de notre Seigneur leur soit pleinement accordée ! (Eph. v. 16. — Phil. ii. 12. — Math. v. 25. — 2 Pierre i. 11.)

THÈSES

I

L'Ecriture sainte toute entière est divinement inspirée: mais l'inspiration littérale de la Bible, surtout celle du Nouveau-Testament, ne peut se soutenir par la Parole de Dieu.

II

Jésus, d'une même essence que le Père, n'est pas une personne éternellement distincte du Père, mais il a été engendré par Lui, dès avant les siècles, et lui est par conséquent subordonné

III

Jésus-Christ est vrai Dieu et vrai homme. La Parole faite chair, c'est le Verbe revêtu d'un corps: en Jésus le Logos tenait lieu de l'âme humaine.

IV

La chute de l'homme a été radicale, complète; mais Dieu, par les mérites du Sauveur, a accordé, à *tous* les hommes, une grâce qui les rend capables d'entendre la voix du Seigneur et de répondre à son appel.

V

L'homme est par lui même incapable d'aucune bonne œuvre; mais si, docile à la voix de l'Esprit, il consent à s'humilier, il reçoit, par la foi aux mérites de Jésus, le témoignage intérieur de son pardon et une mesure de grâce suffisante pour entrer dans une vie nouvelle.

VI

L'âme justifiée peut, en vertu du même sacrifice et par la même foi, être parfaitement purifiée de toute souillure de la chair et de l'esprit et persévérer dans ce glorieux état jusqu'à la fin.

VII

L'Eglise, dans le sens scripturaire du mot, c'est l'assemblée des croyants : on ne peut en devenir membre que par une conversion réelle et conserver ce privilège qu'en persévérant dans la piété.

VIII

La venue du Sauveur, que plusieurs attendent sous
une forme corporelle, sera une venue toute spirituelle,
une manifestation éclatante de l'œuvre du Saint-Esprit.

Vu par le Président de la Soutenance :

Ch. BRUSTON.

Montauban, juillet 1877.

Vu par le Doyen :

CHARLES BOIS.

Vu et permis d'imprimer :

Toulouse, 19 Juillet 1877

Pour le Recteur empêché

L'Inspecteur d'Académie délégué :

BELIN.

Nîmes, Imp. Roger et Laporte, place Saint-Paul, 5. — 9-77.

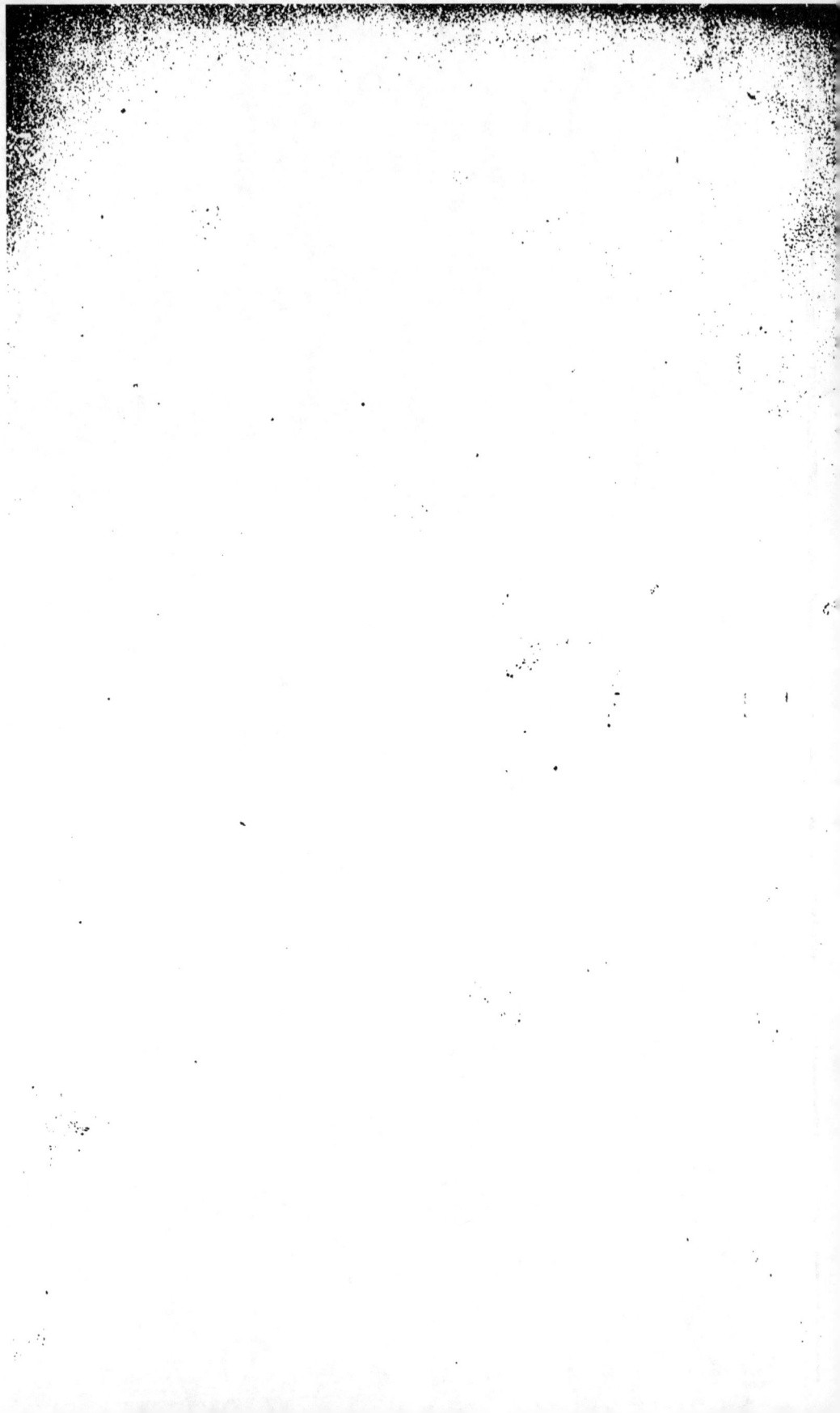

www.ingramcontent.com/pod-product-compliance
Lightning Source LLC
LaVergne TN
LVHW020952090426
835512LV00009B/1858